教育部人文社会科学研究规划基金项目（编号：20YJC840009）
福建理工大学"创新与绿色发展创新团队"（编号：E4300083）
福建理工大学科研启动基金项目（编号：GY-S23032）

我国农民工职业代际流动理论探索与实证研究

——教育人力资本传承对农民工职业代际流动的影响机理

杜兴艳 著

A Theoretical Exploration and Empirical Research on
Intergenerational Occupational Mobility of
Migrant Workers in China: The Impact of Educational Human Capital Inheritance on
the Occupational Intergenerational Mobility of Migrant Workers

中国财经出版传媒集团

经济科学出版社
Economic Science Press

图书在版编目（CIP）数据

我国农民工职业代际流动理论探索与实证研究：教
育人力资本传承对农民工职业代际流动的影响机理／杜
兴艳著．--北京：经济科学出版社，2023.6
ISBN 978-7-5218-4900-4

Ⅰ.①我… Ⅱ.①杜… Ⅲ.①民工-劳动力流动-研
究-中国 Ⅳ.①F323.6

中国国家版本馆 CIP 数据核字（2023）第 120924 号

责任编辑：杜　鹏　武献杰　常家凤
责任校对：易　超
责任印制：邱　天

我国农民工职业代际流动理论探索与实证研究
——教育人力资本传承对农民工职业代际流动的影响机理

杜兴艳　著
经济科学出版社出版、发行　新华书店经销
社址：北京市海淀区阜成路甲 28 号　邮编：100142
编辑部电话：010-88191441　发行部电话：010-88191522
网址：www. esp. com. cn
电子邮箱：esp_bj@ 163. com
天猫网店：经济科学出版社旗舰店
网址：http：//jjkxcbs. tmall. com
固安华明印业有限公司印装
710×1000　16 开　12.5 印张　200 000 字
2023 年 6 月第 1 版　2023 年 6 月第 1 次印刷
ISBN 978-7-5218-4900-4　定价：78.00 元
（图书出现印装问题，本社负责调换。电话：010-88191545）
（版权所有　侵权必究　打击盗版　举报热线：010-88191661
QQ：2242791300　营销中心电话：010-88191537
电子邮箱：dbts@ esp. com. cn）

前　言

近年来，代际问题逐渐成了社会焦点，而代际问题很大程度上是由职业代际流动产生的。作为数量占据我国人口总数 1/5 且职业流动最频繁的农民工群体，他们有怎样的职业代际流动现象与规律呢？学术界一致认为人力资本尤其是教育人力资本是影响职业代际流动的关键要素。而农民工历经四十年却依然存在职业流动频繁、就业层次不高等状况，可见农民工职业代际流动长久以来尚未得到有效改善。而教育人力资本，尤其是教育人力资本传承在其中发挥何种作用，效应大小如何，通过何种渠道影响等一系列问题还尚未深入探究。

本书主要研究如下内容：一是教育人力资本传承对农民工社会地位感知的影响。本部分首先从理论方面分析了教育人力资本传承对农民工社会地位感知产生影响的一般规律和内在机理；而在实证分析方面则采用中国劳动力动态调查（China Labor-force Dynamics Survey，CLDS）相关数据、运用工具变量法分别探讨父母受教育程度和农民工自身受教育程度对农民工社会地位感知的影响。研究结论表明父母受教育程度和农民工自身受教育程度显著影响农民工社会地位感知且呈正"U"型。二是教育人力资本传承对农民工职业代际流动的影响。本部分首先从理论方面分析了教育人力资本传承对农民工职业代际流动产生直接影响及其效应；在实证方面，采用 CLDS 相关数据，主要运用工具变量法分别探讨父母受教育程度和农民工自身受教育程度对农民工职业代际流动的影响。研究表明：父母受教育程度和农民工自身受教育程度显著影响农民工职业代际流动感知且呈倒"U"型。三是以社会地位感知为中介变量，采用中介效应模型，深入分析了教育人力资本传承对农民工职业代际流动的影响效应及其内在机理，并从实证的角度检验和分析了这一结论。研究结论表明社会地位感知在父母受教育程度影响农民工职业代际流动中起到部分中介作用，也在农民工自身受教育程度影响其职业代际流动中起到部分中介作用。四是基于实践运用的角度，选取来自我国东部、中部、西部共计 12 名农民工作为典型代表人物，通过个体案例鲜活的生命事件来描绘和探寻教育人力资本传承对农民工职业代际流动影响过程。

基于现状、理论和实证分析得知，要优化农民工职业代际流动，需要兼顾宏观层面与微观层面、考虑内在动力与外部环境等方面进行政策优化：第一，科学系统创新农民工教育体系，以从宏观层面促进农民工职业代际流动；第二，分类精细设计农民工职业指导，以从微观层面促进农民工职业代际流动；第三，精准高效开展农民工培训工作，以从内在动力方面促进农民工职业代际流动；第四，多维持续提升农民工社会地位，以从外在环境方面促进农民工职业代际流动。

本书特色与创新主要体现在：其一，从研究视角上看，本书从教育人力资本传承的视角探讨农民工职业代际流动问题，具有研究视角的创新性，拓展了农民工职业代际流动的研究领域。其二，从研究内容来看，本书着力于教育人力资本传承对农民工职业代际流动的作用机理研究，以社会地位感知为中介变量进行阐释，从而形成了更全面、详细的解释，丰富农民工职业代际流动的研究内容。其三，从研究方法和研究数据来看，本书采用 Probit 模型、工具变量法、中介效应模型相结合的方法，以 CLDS 等数据库为基础，系统地监测各个社区或者村庄社会结构和家庭、劳动力个体的各种变化与相互影响，尤其是劳动力职业代际流动的追踪和记录，从数据层面也更加全面系统地涵盖我国各地区农民工的不同状态。

杜兴艳

2023 年 4 月

目　录

第一章　绪　论

一、研究背景

（一）研究背景与问题提出

农民工是中国社会非常独特的社会群体。从 20 世纪 80 年代"离土不离乡、就地进工厂"就近转移的第一次农民工浪潮，到 20 世纪 90 年代"离土又离乡、进城进工厂"转移就业的第二次浪潮，再到 21 世纪之后越江过海务工经商大规模跨省转移的第三次浪潮，再到 2012 年农民工市民化新阶段的第四次浪潮。中国改革开放四十多年以来取得了举世瞩目的成就，这是全国人民奋斗得来的，是无数农民工起早贪黑、千辛万苦干出来的。根据国家统计局数据，2021 年末中国大陆总人口（包括 31 个省、自治区、直辖市和中国人民解放军现役军人的人口，不包括香港特别行政区、澳门特别行政区和台湾地区以及海外华侨人数）141 260 万人，其中农民工 29 251 万人，农民工数量超过我国人口总数的 1/5，近十年来总体数量呈现不断增长的趋势。具体如图 1 – 1 所示。

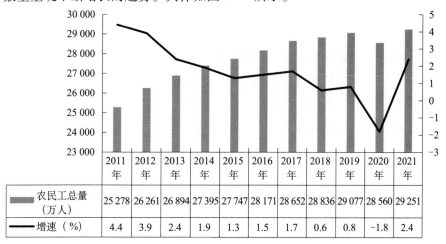

	2011年	2012年	2013年	2014年	2015年	2016年	2017年	2018年	2019年	2020年	2021年
农民工总量（万人）	25 278	26 261	26 894	27 395	27 747	28 171	28 652	28 836	29 077	28 560	29 251
增速（%）	4.4	3.9	2.4	1.9	1.3	1.5	1.7	0.6	0.8	-1.8	2.4

图 1 – 1　农民工总量及其增速

资料来源：2011 ~ 2021 年国家统计局年度统计和全国农民工监测调查报告。

农民工数量庞大，更为重要的是，农民工在我国劳动力市场整体数量中所占比重巨大。其数量远远超过城市工人，近十年来均占我国整体劳动力1/3以上（见图1-2）。这个群体所涉猎的职业种类也越来越多，由体力劳动力群体向半体力、非体力劳动力群体发展，由无技术劳动力群体向有技术劳动力群体变化，这一群体的事业发展与福利提升，既是构建橄榄型人口结构并最终实现共同富裕的关键所在，也是创造国民财富提升经济发展水平的关键力量之一。

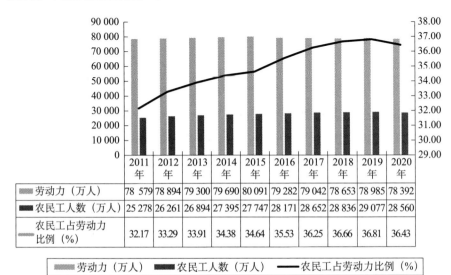

	2011年	2012年	2013年	2014年	2015年	2016年	2017年	2018年	2019年	2020年
劳动力（万人）	78 579	78 894	79 300	79 690	80 091	79 282	79 042	78 653	78 985	78 392
农民工人数（万人）	25 278	26 261	26 894	27 395	27 747	28 171	28 652	28 836	29 077	28 560
农民工占劳动力比例（%）	32.17	33.29	33.91	34.38	34.64	35.53	36.25	36.66	36.81	36.43

劳动力（万人）　　农民工人数（万人）　　农民工占劳动力比例（%）

图1-2　农民工总数及占整体劳动力比例

资料来源：2011~2020年国家统计局年度统计和全国农民工监测调查报告。

近年来，代际问题慢慢成了社会焦点，学术领域早已关注代际流动这一问题，但对职业代际流动具体形成机制研究不够。多数学者研究表明，中国居民职业代际流动整体上呈现较封闭状态，父代对子代职业选择有较强的影响，子承父业现象明显（郭丛斌和丁小浩，2004；孙凤，2006；刘非非和梁岩，2014）。更令人担忧的是，近年来中国职业代际传承趋势显著加强（卢盛峰等，2015）。由此可见，由于职业因素在代际传递中的重要作用，职业代际传递已成为代际收入流动以及社会分层等问题的一个重要逻辑环节（王昕，2010；曾国华、吴培瑛和秦雪征，2020；纪珽和梁琳，2020）。周兴和张鹏（2015）认为代际间职业流动是影响代际收入弹性的重要原因，虽然子女受教育水平的提高会带来子女职业的向上流动，但是两代人之间的职业继承性会明显阻碍社会的代际流动。所以，研究职业代际流动问题已经成为社会流动性和代际传承研究的关键维度。而且职业能反映个人的持久收入水平（Erikson & Goldthope，2002；Abramitzky et al.，2014）。职业是经济实力、政治权力和社会声望的集中体现，埃里克森和戈德索普（Erikson & Goldthope，1992）认为职业阶层固化是社会不平等的根源，并且在很大程度上是由较低的代际职业流动性造成的。更有学者直接提出代际间职业流动渠道不通畅，直接影响代际间收入流动，进而阻碍收入差距的缩小，不利于中国成功跨越"中等收入陷阱"（蔡洪斌，2011）。

可喜的是，实践领域也慢慢地关注这一社会问题。党的十九大报告提出"就业是最大的民生，要破除妨碍劳动力、人才社会性流动的体制机制弊端，使人人都有通过辛勤劳动实现自身发展的机会"。近年来政府部门、事业单位和国有企业招聘也逐渐开始强化这一观念。因此，本书拟从职业代际流动的研究视角入手，以农民工这一社会中庞大且弱势的群体为研究对象，挖掘该群体的职业代际流动现象、规律和传承结构特征。

综上可见，农民工职业代际流动问题的探讨显得急切且严峻、关键且重要。经典的人力资本理论认为，以教育为主的人力资本是个人职业选择的重要影响因素，这也是个人获得社会地位的重要影响因素之一。而根据经典职业认知决策理论和范式，个人主观地位感知对职业选择与流动产生影响。于是我们大胆设想：在教育直接对农民工职业代际流动产生影响的同时，是不是也通过社会地位感知这个中间路径还继续对其职业代际流动产生影响呢？因为我们迫切地想知道：农民工社会生存境遇如何改善？而且为什么历经多年这个群体依然存在职业流动频繁、就业层次不高、社会地位不高等状况呢？是不是因为教育人力资本对其职业代际流动产生了影响？而与此同时，因为这个群体的职业客观特点，也让农民工自身社会地位感知不高，社会对这个群体的贡献与价值也没有完全感知到位，进而还通过社会地位感知这一中介变量影响到其职业代际流动，从而让这一群体的生活境遇和职业流动一直处于窘境之中。

（二）　研究目的与研究意义

职业代际流动是解决当前社会流动的关键，本书直击占据人口总数

1/5且流动最为频繁的农民工群体，尝试从教育人力资本传承的角度，运用人力资本与职业认知决策相关理论，形成农民工职业代际流动分析理论框架，并运用全国大样本调查数据予以实证检验，进而进一步细化对农民工职业代际流动内在规律的认识和探讨。

首先，该研究具有拓展研究范围的理论价值：一是对舒尔茨（Schultz）的人力资本理论深化认识和拓展研究，也将贝克尔（Becker）的人力资本代际传承理论在研究对象运用方面的进一步深化和拓展，丰富了人力资本理论和人力资本代际传承理论相关研究；二是将人力资本传承用于分析农民工职业代际流动，也是对农民工职业分析理论的进一步丰富和充实；三是将国外人力资本理论与中国农民工理论研究进行有机融合，并尝试提出符合中国农民工发展实际国情的中国特色农民工职业代际流动与发展相关理论，丰富了现有研究文献。

其次，该研究具有细化政策指向的实践价值：一是促进农民工职业代际流动更加科学化和合理化，提升农民工的幸福感与获得感；二是为政府相关部门出台和细化农民工相关政策措施提供建议和启示，从而更好地保护弱势群体，制定更具针对性的社会帮扶政策，对实现社会均等、农村转移人口市民化乃至助推城市化进程，进而促进社会公平和整体社会进步具有重要意义；三是促进社会对农民工的更多关心和支持，让这个值得所有中国人乃至全世界尊重群体的社会地位不断提升；四是营造良好的农民工职业选择与发展的生态环境，使得人人"共享人生出彩的机会"，共同实现中国梦，进而达成"共同富裕"的目标。

因此，总的来说，对于农民工职业代际流动的研究宏观层面关系国家的和谐与发展，中观层面关系社会的活力与进步，而从微观层面则关系农民工个人的生活与幸福，更何况我们当前面临城乡协调发展、实现共同富裕的基本任务，这是一个集重要性与紧迫性于一体的焦点问题。

二、概念界定

（一）教育人力资本传承

所谓人力资本，由舒尔茨（Shultz）、贝克尔（Becker）等人提出这个概念，主要是凝聚在劳动者身上的知识、能力和健康素质的总和。而这种能力和素质是通过教育、健康、医疗和迁移等方面的投资形成的，而其中教育是人力资本投资的主要形式。因此，在学术研究中，考虑知识能力与素质的可测量性，很多时候学者们用教育人力资本来替代人力资本。

贝克尔（Becker，2018）还首次将人力资本理论引入代际研究领域，改变了传统意义仅关注个体人力资本，还追溯到其父代的人力资本。本书将人力资本传承概念引入农民工职业选择之中，主要是指父母人力资本和子女人力资本。由于学术界经常用教育人力资本来替代人力资本，所以也有用教育人力资本传承来替代人力资本传承。

基于此，本书直接立足于教育人力资本传承，即探讨农民工这一研究对象的教育人力资本传承问题，主要包括父代的教育人力资本和农民工自身的教育人力资本。

（二）　社会地位感知

社会地位是指社会成员在社会系统中所处的位置，是经济收入、社会网络和威望荣誉的高低程度，一般是由权力、声望、职业、财富等因素综合构成。每个文化背景的国家或地区，或者是每个国家在不同历史时期对社会地位的侧重点可能是不一样的，而社会地位感知是每个人对自己所处社会地位的一种认知，这是一种主观的认知。

与此相关的概念有"阶层认同""阶层地位认同""主观阶层认同""地位层级认同"等，玛丽·杰克曼和罗伯特·杰克曼（Mary Jackman & Robert Jackman，1973）认为主观阶层认同是"个人对自己在社会阶层结构中所占据位置的感知"；赵迪（2021）认为社会地位认同就是人们对自我社会分层结构中所在位置的认定。这种界定主要基于社会阶层的客观位置来进行界定。而刘欣（2001）认为是居于一定社会阶层的个人对社会整体的不平等状况及其自身所处社会经济地位的主观意识、评价与感受，其所强调的是个体心理和意识状态。为了浅显易懂，本书直接采用社会地位感知这一说法，主要是指基于一定的社会阶层客观地位，人们所产生对个人地位的心理认知和感受。

（三）　职业代际流动

李晚莲（2010）将职业代际流动定义为劳动者两代（或多代）之间的职业类别和职业层次的变动，是研究社会结构变迁的风向标，也是社会公平性和开放性的衡量指标。后续的研究基本沿用了这一概念。职业代际流动是指子代劳动力职业阶层相对于父辈职业阶层的变化情况，是反映社会流动性的一个重要且更为稳定的指标（吕姝仪等，2015；Reddy，2015）。朱晨（2017）则将职业代际流动定义为劳动者与其父母之间在职业选择和层次上的升降变化，并将其与社会的开放、公平程度、资源等外部环境因素紧密结合，共同进行分析。秦晓岚（2019）则认为职业代际传递主要是指职业类别和职业层次在父子两代人之间的变化和流动。

本书的研究沿用秦晓岚学者对职业代际流动的这一定义，根据陆学艺学者关于职业类型的划分，对比父母所在职业层级和农民工所在职业层级，根据两者对比结果主要分为职业代际向上流动和职业代际向下流动，若未发生职业层级变动则表现为子女继承父母的职业，即职业代际传承，这也是职业代际流动的一种特殊表现形式。

（四） 农民工职业代际流动

农民工的职业层级也是多种多样的，根据 2022 年 7 月由人力资源和社会保障部向社会公示了最新修订的《中华人民共和国职业分类大典》，继承了 2015 年版大典确立的 8 个大类总体结构，分别是国家机关、党群组织、企业、事业单位负责人；专业技术人员；办事人员和有关人员；商业、服务业人员；农、林、牧、渔、水利业生产人员；生产、运输设备操作人员及有关人员；军人；特殊职业的其他从业人员[①]。参照陆学艺以职业分类为基础，以组织资源、经济资源和文化资源占有状况为依据所划分的十大社会阶层，参照王超恩具体针对农民工职业所作的分类，本书将农民工职业划分为五类，分别是：第一类是体力劳动者，主要是指在农林牧副渔等行业从事非农的、以体力劳动为主的劳动力群体；第二类是少技术体力工人，主要是指在工业、建筑业等行业中从事直接和辅助性生产的、拥有少量技术的体力、半体力劳动力群体；第三类是商业服务人员，主要是指在商业和服务行业中从事非专业性的、少体力劳动的劳动力群体；第四类是常规非体力工人，主要是指拥有更好工作环境的常规非体力工人，比如保安等；第五类是技术或者管理人员，主要是指在各行各业拥有专业

---

① 人力资源和社会保障部. 国家职业分类大典（2022 年版）公示. ［2022 – 07 – 14］. http:// www. mohrss. gov. cn/SYrlzyhshbzb/dongtaixinwen/buneiyaowen/rsxw/202207/t20220714_ 457800. html.

技术或者从事管理工作的相关人员。

农民工职业代际流动是指对比农民工及其父母所在职业层级，若农民工所在职业层级高于其父母所在职业层级则视为发生了职业代际向上流动，若农民工所在职业层级低于其父母所在职业层级则视为职业代际向下流动，两者相同是职业代际流动的一种特殊形式，本书也视为未发生职业代际向上流动，统一归为职业代际向下流动。因此，农民工职业代际流动具体是指在体力劳动者、少技术体力工人、商业服务人员、常规非体力工人、技术或者管理人员等上述五个职业层级之间的流动情况。

三、研究设计

（一）研究目标

本书研究的总目标：以优化农民工职业代际流动，提高农民工生活质量和福利水平为出发点，建立基于人力资本代际传承理论、计划行为理论和社会认知职业等理论的农民工职业代际流动的分析框架，探析教育人力资本传承对农民工职业代际流动的影响效应及作用机理。即分别用父母的教育人力资本和农民工自身的教育人力资本对农民工职业代际流动的影响展开深入分析，探讨农民工职业代际流动行为及其变化规律，以此来优化和完善我国农民工教育人力资本形成相关政策机制，为科学优化社会阶层结构，完善农民工职业代际流动提供科学的理论框架和政策建议。本书研究的具体目标如下。

第一，对农民工职业代际流动进行界定。根据我国职业分类情况，结合农民工工作实际情况，对农民工职业代际流动内涵进行界定。

第二，构建基于人力资本代际传承理论、计划行为理论和社会认知职业理论的农民工职业代际流动分析框架，实证分析教育人力资本传承对农民工职业代际流动的影响、具体作用机理以及相应的效应水平。

第三，根据上述研究结果，以中介效应模型为计量工具，探讨教育人力资本传承对农民工职业代际流动行为的作用机理。与此同时，以东、中西部地区农民工典型事迹为案例研究，再次探索验证教育人力资本传承对农民工职业代际流动行为这一影响的作用机理。

第四，探讨优化农民工教育人力资本投资及其职业流动保障制度各种可能的政策选择，为完善我国农民工教育人力资本投资和职业流动效率及其优化设计提供可供参考的实证依据。

（二）研究内容

主要研究内容包括以下六个部分。

1. 农民工职业发展现状特点及农民工职业代际流动的界定。梳理我国农民工发展演变的相关政策，运用近十年国家针对农民工的专项监测调研，统计分析农民工职业特点和代际流动的紧迫性和重要性。运用我国职业分类情况，结合农民工职业特点，对农民工职业层级进行细分，并对农民工职业代际流动的内涵和外延进行界定。

2. 教育人力资本传承对农民工职业代际流动的理论分析。根据人力资本传承相关理论，教育人力资本传承通过两个路径来影响农民工职业代际流动：分别是父母教育人力资本和子女自身的教育人力资本。基于理论基础的阐释，挖掘两条传承路径的动向，从理论方面分析教育人力资本传承对农民工职业代际流动产生影响的内在机理和一般规律。

3. 教育人力资本传承对农民工社会地位感知的影响研究。教育人力资本传承一方面通过父母本身具有的教育人力资本水平直接影响到子女的社会地位获得的渠道。另一方面，子女教育人力资本会影响其社会地位获得的范围。本部分将讨论在教育人力资本传承的前提下，其对农民工社会地位的获得将产生何种影响，具体影响的机理、方式和影响程度如何。

4. 教育人力资本传承对农民工职业代际流动影响研究。教育人力资本是影响农民工职业代际流动的关键因素，而这一因素的主要来源是教育人力资本传承。因此，教育人力资本传承是如何影响农民工职业代际流动呢？本部分从理论方面分析教育人力资本传承对农民工职业代际流动产生影响的内在机理和一般规律；在实证方面，运用 CLDS 相关数据，着重探讨教育人力资本传承对农民工职业代际流动产生影响的程度和效应水平。

5. 以社会地位感知为中介变量探讨教育人力资本传承对农民工职业代际流动影响研究。如何探析教育人力资本传承对农民工职业代际流动的作用机理是本书的重点和难点。本部分将以社会地位感知为中介变量，分析教育人力资本传承对农民工职业代际流动的影响。教育人力资本传承可以直接影响其子女社会地位选择与感知，进而影响到农民工的职业代际流动。本部分基于人力资本代际传承理论、计划行为理论和社会职业认知理论的框架，以社会地位感知为中介变量，采用中介效应模型，深化分析教育人力资本传承对农民工职业代际流动的影响机理和效应，并从实证角度深度解析这一关系的具体规律。

6. 完善我国农民工职业代际流动相关政策建议。基于教育人力资本传承对农民工职业代际流动的理论分析、实证检验和案例剖析，兼顾宏观层面与微观层面，结合内在动力与外在环境，提出完善我国农民工职业代际流动的建议与措施。

（三）　研究方法

本书运用规范研究和实证研究相结合，定性分析和定量分析，系统研究与个案研究相结合的方法进行综合研究。在研究步骤上，紧密结合管理学、经济学研究范式，即从"文献整理与分析—提出理论分析框架与假说—验证理论分析与假说—结论和对策含义"的步骤逐步推进。针对不同的研究内容采用不同的研究方法，在实证研究中主要涉及的有工具变量法和中介效应模型。

1. 文献研究法。本书通过收集和查阅大量有关职业代际流动、教育人力资本传承、农民工职业代际流动等方面的国内外文献，充分了解和掌握该领域国内外前沿研究现状，在此基础上形成本书的研究问题和论述方法。

2. 规范研究法。运用人力资本代际传承理论、计划行为理论和社会认知职业等理论对农民工职业代际流动进行分析，并试图解释其内在规律，形成理论分析框架。

3. 实证研究法。本书基于 CLDS 2018 年的数据，针对不同的研究主题内容采用符合其数据特点的实证研究方法，主要用到了 Probit 模型、工具变量法、中介效应模型等方法。

为了挖掘教育人力资本传承和职业代际流动之间的因果关系，运用 Probit 模型进行回归分析；由于父母受教育程度和子女受教育程度、职业代际流动在变量测量误差和反向因果方面存在一定的内生性，所以运用工具变量法来处理内生性；而为了更好地分析教育人力资本传承对职业代际流动的作用机理，运用中介效应模型来进行分析。

（四） 技术路线

本书主要探讨教育人力资本传承对农民工职业代际流动的影响。为了更好地阐释这一关系，遵循理论研究与实证分析相结合的原则，在对农民工职业代际流动理论分析的基础上，探寻教育人力资本传承对农民工职业代际流动的作用机理，主要研究思维为：首先通过教育人力资本传承、农民工职业代际流动等方面文献的研读提出问题；然后结合农民工职业代际流动特点，运用人力资本代际传承理论、社会认知职业等理论形成教育人力资本对农民工代际流动的理论分析框架；接下来运用 Probit 模型分析教育人力资本传承对社会地位感知、教育人力资本传承对农民工职业代际流动的影响，运用中介效应模型，以社会感知为中介变量，分析教育人力资本传承对农民工职业代际流动的影响；再检验教育人力资本传承对农民工职业代际流动影响的稳健性和异质性；然后用案例研究的方式探讨验证教育人力资本流动对农民工职业代际传承的影响过程；最后提出完善农民工职业代际流动的对策和建议。具体如图 1-3 所示。

四、结构安排

本书的主要章节安排如下。

第一章为绪论，主要介绍本书的研究背景、概念界定、研究设计、创新点和本书框架结构。主要是在研究背景的基础上，提出问题并阐述研究意义。在对相关基础概念进行界定的基础上，提出研究目标、研究内容、研究方法、技术路线等方面的研究设计，最后概述本书的创新点及其框架结构。

第二章为文献综述。主要是对职业代际流动的测度、比较及其影响因素、教育人力资本对职业代际流动的影响、教育人力资本对社会地位感知的影响、教育人力资本与我国农民工职业代际流动四个方面进行系统的梳理与归纳，在此基础上根据本书的写作初衷和思路对现有文献进行评述，进而整理出本书写作可能用到的方法与贡献。

第三章为我国农民工职业发展的现状分析。主要针对农民工的历史由来、发展与社会贡献、农民工职业生存与发展政策的演变与发展、农民工近十年职业发展的基本特征、农民工职业发展存在的问题及推动职业代际

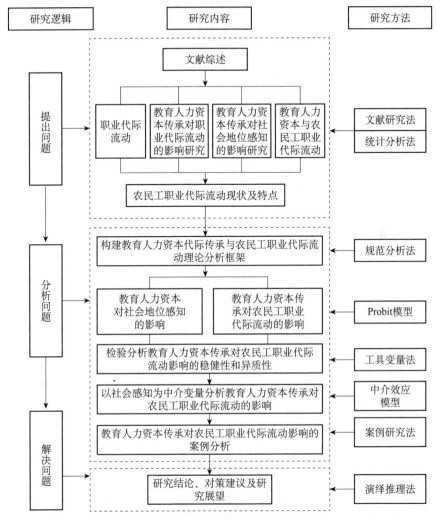

图 1 - 3 技术路线

流动的必要性等问题进行阐释。

第四章为理论基础与分析框架。针对人力资本代际传承理论、计划行为理论、社会认知职业理论等进行论述，然后在此基础上构建本书的理论分析框架，建立教育人力本传承、社会地位感知与农民工职业代际流动的理论分析框架。

第五章为实证模型设计与数据来源分析。主要针对实证研究所涉及的计量模型，如工具变量法、中介效应模型进行介绍，然后针对实证所用的

CLDS 数据库的来源、样本、变量等进行简要说明。

第六章为教育人力资本传承对农民工社会地位感知影响的实证研究。这是本书的第一个实证分析，主要运用工具变量法分别探讨父母受教育程度和农民工自身受教育程度对农民工社会地位感知的影响，并换CLDS 2014 年的数据进行稳健性检验，进而从农民工性别、年龄、父母职业层级、农民工技能水平、区域五个方面展开异质性分析。

第七章为教育人力资本传承对农民工职业代际流动影响的实证研究。这是本书的第二个实证分析，主要运用工具变量法分别探讨父母受教育程度和农民工自身受教育程度对农民工职业代际流动的影响，并从更换可替代因变量和更换 CLDS 2014 年的数据两个方面进行稳健性检验，进而从农民工性别、年龄、父母职业层级、农民工技能水平、区域五个方面展开异质性分析。

第八章为基于中介变量的教育人力资本传承对农民工职业代际流动影响的实证研究。这是本书的第三个实证分析，主要运用中介效应模型分别探讨父母受教育程度和农民工自身受教育程度对农民工职业代际流动的影响，并从农民工性别、年龄、职业层级、技能水平等方面进行异质性分析。

第九章为基于实践运用的教育人力资本传承对农民工职业代际流动影响的案例研究。选取来自我国东部、中部、西部共计 12 名农民工的典型事迹，在他们的生命历程中找寻和分析教育人力资本传承对农民工职业代际流动影响。

第十章为结论与对策建议。主要就本书的结论进行概述，然后在此基础上兼顾宏观层面与微观层面、考虑内在动力与外部环境，从科学系统创新农民工教育体系、分类精细设计农民工职业指导、精准高效开展农民工培训工作、多维持续提升农民工社会地位等方面提出政策建议。最后对本书研究进行展望与分析。

五、主要创新点与不足

本书以人力资本代际传承等理论为基础，探讨教育人力资本传承对农民工职业代际流动的影响，进一步完善农民工人力资本形成和职业代际流动保障体系，对我国农民工相关政策进一步完善和发展具有理论和现实的双重意义。本书特色和创新之处可从研究视角、研究内容、研究方法和研究数据三个方面来阐释。

第一，从研究视角上看，通过文献整理发现，目前国内鲜有探讨教育人力资本传承的相关文献，而针对农民工教育人力资本传承就更加少见了。本书从教育人力资本传承的视角，具有研究视角的创新性，拓展了农民工职业代际流动的研究领域。

第二，从研究内容来看，本书着力于教育人力资本传承对农民工职业代际流动的作用机理研究，以社会地位感知为中介变量来进行阐释，从而形成了更全面、详细的解释，从而丰富了农民工职业代际流动的研究内容。

第三，从研究方法和研究数据来看，本书采用 Probit 模型、工具变量法、中介效应模型相结合的方法，以 CLDS 等数据库为基础，系统地监测各个社区或者村庄的社会结构和家庭、劳动力个体特征的变化与相互影响，尤其是劳动力职业代际流动的追踪和记录，从数据层面也更加全面系统地涵盖了我国各地区农民工的不同状态。综合以上各种研究方法和大范围研究数据的优势，希望能让农民工职业代际流动的研究方法更加丰富多样。

本书主要不足在于：一是数据的更新与时效性方面，由于全国范围内的大样本数据收集需要时间，其公布与整理也需要一个过程，尽管本书已经选择了最新公布的数据，不过在时效性方面会存在不足；二是中介途径的丰富性方面，由于影响机理的复杂性，本书没有针对更多的中介途径进行探析，主要只集中于社会地位感知这一中介路径。

第二章　文献综述

一、职业代际流动的测度、比较及其影响因素

（一）　职业代际流动的测度研究

职业代际流动问题受到世界各国学者广泛关注。乔卡斯和罗切尔（Jocas & Rocher，1957）引入职业继承性和流动性指数，认为加拿大整体代际继承性较强流动性较弱；本杰明（Benjamin，1958）则运用相关理论探讨了英格兰和威尔士的职业代际流动问题。布劳和邓肯（Blau & Duncan，1967）认为美国的子承父业比例较高；后续学者针对不同性别的职业代际流动问题进行了深入研究（Dejong & Robin，1971；Chase，1975）；有的认为父辈职业与子女职业呈现强关联性（Lin & Bian，1991；Carmichael，2000；Di & Urwin，2003）；有人指出父辈履职单位以更大概率雇佣其子女（Pérez-González，2006；Bennedsen et al.，2007；Hellerstein & Morrill，2011；Kramarz & Skans，2014）；有的针对一个国家不同地区进行了研究，切蒂等（Chetty et al.，2014）测度了美国不同地区的职业代际流动状况；有的针对不同职业进行了研究，奎克（Kwiek，2015）研究发现欧洲白领职业流动性较低。宋等（Song et al.，2020）测度了职业代际等级关联系数，从19世纪50年代的0.17上升到如今的0.3，由此得出从150年这种的长期角度看职业代际流动性则大幅下降。

针对我国职业代际流动问题，有的学者认为我国职业代际流动低，职业代际继承明显（严善平，2000；王春光，2003；郭丛斌和丁小浩，2004；孙凤，2006；刘非菲和梁岩，2014）。不过，也有学者研究认为我国整体职业代际流动性高，而职业代际继承并不明显。如针对大连市的职业个案研究认为，父辈与子辈之间具有一定的相关性，但总体来说流动性较高。朱红根（2021）基于家庭农场的样本，认为农村家庭劳动力职业代际流动水平较低。黄杰（2022）探讨了中国商业家庭的职业代际问题，认为存在"被中断的体制化"，即一些曾经有过体制内或者干部经历的企业

主父代，其子女更容易回归到体制内工作，也就是认为这一类群体职业代际流动并不强。

（二）　职业代际流动的比较研究

为了进一步识别职业代际流动的特点与规律，国内外均采用了比较研究的方法。国外研究以职业种类、国家之间和种族对比为主，利普塞特和泽特伯格（Lipset & Zetterberg，1956）以来自不同国家的 12 名男性为研究对象，将职业划分为体力、非体力和农民三类，研究认为非农职业流动率基本相同。迈耶等（Meyer et al.，1979）通过对美国和波兰职业代际流动数据，指出波兰职业代际流动性要小于美国职业代际流动性，但两个国家的城镇居民职业代际流动性相差甚微。朗和费里（Long & Ferrie，2013）对美国和英国的职业代际流动性进行了比较分析。李等（Li et al.，2015）将中国和英国的代际职业流动性进行了比较分析。雷迪（Reddy，2015）研究发现印度在 1983～2012 年随着经济的发展职业代际流动逐渐下降。

国内学者的研究根据中国国情提出了很多符合中国实际的观点，影响深远。周兴和张鹏（2015）将城镇和农村家庭进行了对比研究，发现城镇家庭的职业代际流动性较低，而农村家庭若父辈从事非农工作、子女受教育程度改善或者父代经济地位特征明显均可产生较高的职业代际流动性。

（三）　职业代际流动的影响因素

影响职业代际流动的主要因素大致可以分为三大类。

第一，个人因素。个人的某些先赋因素诸如性别、初次就业年龄、受教育程度、职业技能、社会认知等都会直接影响职业代际流动，这是不争的事实（郭凡，1995；高勇，2009；张瑞玲，2010）。

第二，家庭因素。关于家庭因素对职业代际流动的影响可以分为两种不同的主张，其中一种专注于家庭社会资本，如边燕杰和张文宏（2001）、成伟、牛喜霞和迟不贤（2013）、邵一航和张朝阳（2016）、刘琳和赵建梅（2020）等都同时强调了社会资本对职业代际流动的影响，另一种主要着力于整体的家庭背景对职业代际流动的影响，如部分学者认为家庭背景会影响子女职业的获得（严善平，2000；李煜，2007；Sirniö et al.，2016a）；邢春冰（2006）认为父代家庭的就业情况、职业类型会影响职业代际流动；李力行和周广肃（2014）认为父亲收入有助于职业代际流动的发生，而父亲的教育水平会阻碍职业代际流动；甚至还有部分学者直接以在体制内的父辈作为研究对象，认为其子女更容易获得体制内就业机会（胡咏梅和李佳丽，2014；王生发和刘金东，2016；陈刚和卫艳青，2017）。

第三，社会因素。社会制度、人口迁移、公共资源供给状况、社会集团与群体运行、文化价值理念、社会生活环境等都会影响职业代际流动。李路路（2003）研究认为社会集团或社会群体的再生产机制和统治权力机制对职业代际流动产生重要影响；郭丛斌和丁小浩（2004）、孙凤（2006）指出中国的二元劳动力市场分割会阻碍职业代际流动；朗和费里（Long & Ferrie，2007）认为人口迁移和公共资源会促进职业代际流动；吴晓刚（2007）认为中国独特的户籍制度看似是一个流动的门槛，但是反而促进了职业代际流动；卢盛峰等（2015）则指出学校布局等相关政策层面要素的重要性。李萍等（2021）探讨了不同的工业化和城镇化水平对职业代际流动的不同影响，随着工业化和城镇化水平的深入和提高，职业代际流动性随之增强。刘国亮等（2022）探讨了技术进步与职业代际流动的影响，认为技术进步的技能偏向性促进了职业代际向上流动，而技术进步的速度增加职业代际向上和向下流动。

（四）我国职业代际流动的演变趋势

对于我国职业代际流动演变趋势，有的学者认为职业代际流动降低，需要引起社会的关注。张翼（2004）通过对比 1978～1991 年和 1992～2001 年两个时段的情况，认为随着中国市场化进程加快职业代际流动随之降低；邢春冰（2006）对于 1990 年前后的数据，也得出我国职业代际流动降低的结论；有些学者分别针对城镇和农村职业代际流动情况进行了分析，孙凤（2006）认为城镇职业代际流动不强，而吴晓刚（2007）认为农村职业代际流动不强。不过，也有些学者认为中国职业代际流动不断增强。部分学者认为整体的职业代际流动不断增强，社会开放程度逐渐提升（张瑞玲，2010；阳义南和连玉君，2015）。此外，也有部分学者以某些年限或者历史事件来说明职业代际流动的波动和变化，李晚莲（2010）将新中国成立、改革开放作为两个重要的时点来研究职业代际流动，认为改革开放之后职业代际流动差异逐步扩大；李路路和朱斌（2015）认为中国职业代际流动呈波浪式变动，当前的流动状态相对较好；朱晨（2017）根据

1980～1989年出生的劳动者和1950～1959年出生的劳动者进行对比研究，发现1982～1989年的群体职业代际向上流动上升81%；褚翠翠和孙旭（2019）研究了近四十年来中国职业代际流动状况也认为呈波浪式发展，具体表现在1970年的职业的代际流动性最高，1980年的职业的代际流动性最低，1990年的职业代际流动性介于两者之间。

综合国外和国内对于职业代际的研究来看，可以发现这一话题备受关注，在一个国家乃至各个国家的不同时期职业代际流动程度是不一样的，有的国家职业代际流动相对较高，有的相对较低；一个国家有的时期相对较高，有的时期相对较低。甚至是同一个国家同一时期，不同职业种类的职业代际流动也不一样。可见，职业代际流动现象客观存在，存在研究的必要性与紧迫性；且呈现多种多样的表现形式和规律，具有研究的重要性和复杂性。其影响因素可分为个人因素、家庭因素和社会因素，其中个人和家庭因素研究较多；职业代际流动在我国也有诸多学者投入极大热情来精耕细作，但即便如此，很多问题尚处于探索和争议阶段。

二、教育人力资本对职业代际流动的影响

经济学家舒尔茨的人力资本理论认为教育可以丰富人的知识、提升人的技能，可以增加个人收入，促进地区经济发展，进而促进社会的流动与社会公平；而社会学家布迪厄所提出来的文化再生产理论则强调教育作为一种文化中介实现了社会再生产功能，认为教育具有维持现存社会经济结构、维持社会的不平等并使之合作化的作用，这也是激进派的劳动力市场分割理论所秉持的观点，与人力资本理论刚好相反，即他们认为教育的作用仅仅只是在复制现有的各种社会关系。基于此，人力资本理论则认为教育作为人力资本的重要组成部分，有利于促进职业代际流动；而激进的劳动力市场分割理论则认为父代与子女存在着社会地位的一致性，教育所充当的是维持代际之间职业稳定的一种工具。

有争议的领域往往是充满魔力和乐趣的领域，在人力资本理论和劳动力市场分割理论共同作用下，到底谁的影响力更大呢？在此情况下，教育到底是不是影响职业代际流动的重要因素之一呢？国外学者纷纷投入教育对职业代际流动的研究，并一致认为教育仍然是职业代际流动的一个非常重要的影响因素（Blau & Duncan, 1967; Breen & Jonsson, 2007; Breen,

2010；Ruiz，2016；Breen，2019）。国内学者通过运用具有中国特色数据库也同样研究证明了教育对职业代际流动的作用（张翼，2004；邢春冰，2006；吴晓刚，2007；郭丛斌和闵维方，2009；郭丛斌和闵维方，2011；周兴和张鹏，2015；王学龙和袁易明，2015；阳义南和连玉君，2015；李中建和袁璐璐，2019；王卫东等，2020）。郭丛斌和丁小浩（2004）甚至认为教育能够跨越劳动力市场所存在的分割效应来促进职业代际流动，不同的教育层次其跨越效应不一样，高等教育这个层次的跨越效应最为明显。苏静（2021）研究认为教育可以改善职业阶层代际传递，提升职业代际流动。

虽然教育对职业代际流动的影响得到了众多学者的支持，但影响的程度和方向却是有争议的。部分学者认为教育可以促进职业代际流动，较高的教育程度有利于职业代际流动的实现（Breen et al.，2010；郭丛斌和闵维方，2011；李力行和周广肃，2014；Pfeffer & Hertel，2015；吕姝仪和赵忠，2015；卢盛峰等，2015；秦晓岚，2019；褚翠翠和孙旭，2019）。在这个过程中，特别值得一提的是，布劳和邓肯（Blau & Duncan，1967）认为个人教育是影响职业获得的最重要因素；古里扬等（Guryan et al.，2008）通过收集14个国家的样本研究认为教育影响了父母对子女的时间投资与效率，通过沟通方式促进了子女就业机会的获得。当然，也有部分学者认为教育并不能明显促进职业代际流动，比如许申（2011）对比高职和本科毕业生两个不同教育经历的职业代际流动情况，发现二者并无明显差异；詹恩和塞勒（Jann & Seiler，2014）通过对瑞士的研究表明教育对受访者职业代际流动影响并不大，郝雨霏等（2014）也持相似观点。

当然，教育对职业代际流动影响的争议还不仅限于此，部分学者将教育与其他因素进行比较，得出完全不同的观点。如关于父亲职业等家庭背景和教育的作用大小问题，董良（2016）认为教育的作用远远大于父亲的职业地位；而刘志国等（2016）研究则认为针对体制内就业类型来说，家庭相关背景的影响效应远远超过教育所起到的作用。

综上所述，教育对职业代际流动影响研究是学术界的热点话题，针对教育对职业代际流动所产生的影响已基本达成共识，但对影响的方向和程度是存在争议的，针对公认的结论和具体的影响机制探索还有很大空间。与此同时，对个人教育探索比较多，而少有专门涉及父母教育对职业代际流动的影响。

三、教育人力资本对社会地位感知的影响

由美国社会学家布劳与邓肯所提出经典的"地位获得模型"对学术界对于社会地位的研究起着重要的作用，布劳和邓肯以现代工业化社会为经济背景，首先从理论上假定个人在获得社会地位时，要受到在其生命周期中按照一定顺序出现的诸多要素的影响，包括父亲职业地位、受教育程度等先赋性因素，也包括本人的初职、受教育程度等自致性因素。他们通过比较两种因素对个人职业地位获得影响程度上的差异，便可以判断出社会的开放程度。接下来还利用路径分析方法，建立了个人地位获得的统计模型。然后再将美国于 1962 年实施的"一代内的职业变迁"的调查数据代入模型，通过建立复杂的因果统计分析模型，从而对理论假设进行统计检验，用以解释个人社会地位的实现过程以及影响这种实现过程的各种类型的影响因素。直到今天，他们当时所采用的基于社会经济地位指标而建立的职业声望量表和路径分析，仍然是当前学术界社会流动研究者们常用的研究方法。总的来说，他们认为个人职业地位的因素分为自致性因素和先赋性因素，其中教育在社会再生产和社会流动中起主导作用，这凸显了教育在个人职业地位中的重要作用。目前学术界仍然还在采用他们基于社会经济地位指标不同特征而建立的职业声望量表和路径分析方法。

邓肯（Duncan，1976）和兰森（Ranson，1993）认为教育有利于提高薪资，甚至是获得某些特权，于是人们纷纷尝试通过教育获得更高的社会地位。部分学者认为教育对社会地位认知有显著的影响，受教育程度越高，越能获得较高的社会地位（Hodge & Treaman，1968；Jackman，1973；渡边雅男，1998），国内很多学者也同样认同教育对社会地位的影响（李路路，2003；华红琴和翁定军，2013）；还有部分学者认为教育还有特殊作用，比如郭丛斌和丁小浩（2004）认为教育能够跨越劳动力市场的分割效应；张瑞玲（2010）认为家庭因素能够通过教育这个变量影响代际流动。还有学者探索了教育对社会地位影响的程度和特点，张翼（2004）认为教育是一个能够对人们的社会地位获得发挥作用的恒定变量；温芬（2009）认为高等教育对个体社会地位获得的影响日益增强且影响的范围日益扩大；郝大海（2009）具体到具体的历史时期来研究地位获得问题，

认为教育在不同时期所产生的作用不同；张亮和杭斌（2018）认为教育不仅能提升个人社会地位，而且对家庭的社会地位也有不可小觑的影响。赵迪（2021）将受教育程度、职业类型和收入等因素加入影响个人社会地位感知结构的因素之中。

由此可见，教育对社会地位的影响已基本达成共识，学术界针对教育对社会地位的影响也有人称之为教育回报率的问题。教育回报率是因地区不同而不同（马汴京等，2021），也会因人群的不同而不同（郑筱婷等，2019），还会因教育层次的不同而不同（侯瑜等，2019）。所以，教育对社会地位的影响是存在的，但其影响的程度和方式却是存在差异的。

四、教育人力资本与我国农民工职业代际流动

（一）教育人力资本与农民工职业选择

国外关于教育人力资本的重视要从人力资本理论的提出和贝克尔的人力资本代际传承理论开始。贝克尔（Becker，1962）指出教育是人力资本最重要的投资，随后贝克尔（Becker，1967）进一步指出流动人口需要凭借人力资本来实现经济地位获得。奇斯维克（Chiswiek，1978）针对新迁入美国的移民展开研究，发现其人力资本积累有利于实现经济地位的提升。也有学者着手对教育影响职业选择的具体机制和实现路径进行研究，如阿坝（Aba，1973）认为教育水平的提升能帮助流动人口获得更多职业信息，进而有利于就业机会的获得；布劳等（Brauw et al.，2002）认为教育人力资本有利于非农职业的获取。而有的学者认为教育水平对劳动者工资水平的提升有显著的作用（Andrea Bassanini，2006）；荷西（Cheo，2016）研究发现随着教育程度的提升能够让农民工更好学习理解劳动法，进而提升职业竞争力。也有学者从职业流动和职业层级上升的角度，认为教育人力资本除了在职业获得方面有显著影响之外，在职业层次的向上流动也有显著影响（Rowe et al.，2008；Rohrbach-Schmidt et al.，2016）；鲁奇等（Rucci et al.，2020）以巴西和智利为研究对象，再次研究证明高教育水平的工人实现了更高的教育投资回报。

国内关于教育人力资本和农民工职业选择的研究呈现出循序渐进且层层深入的规律，大致可分为以下五个方面。

第一，从探寻影响因素的角度证实教育人力资本是农民工职业选择的重要因素，也有部分学者直接以个别区域来进行案例论证。众多学者利用各种数据和方法都证实了受教育程度是影响农民工职业选择的一个重要因素（郑全全，2006；庞子渊，2013）。有的采用了因素比较和分类探讨的方法，申明浩等（2004）对比自身素质和家庭因素，认为自身素质更重要；薛福根等（2013）认为同时受到个人因素和家庭资源的影响，但个人因素对务工型的职业选择影响更大，家庭资源对创业型的职业选择影响更大；王毅杰和童星（2003）对比了网络机制和人力资本的作用，认为人力资本的作用随着市场化的发展逐渐增强，网络机制则随着市场化的发展而逐渐减弱。也有的采取个案式探讨与论证，艾伦·德·布劳等（Alan de Brauw et al.，2002）通过六个省的调查数据说明受到了良好教育的农村劳动力在非农就业市场中占据了优势地位；两位学者以上海市劳动市场为例，证实了教育在农民工职业选择中的积极影响（Meng & Zhang，2001）。

第二，从非农就业机会获取的角度来探讨教育人力资本对农民工职业选择的影响。非农就业机会实际上就是农民工职业的获取，钟甫宁（2007）认为增加农民收入的关键是非农就业机会。20世纪90年代就有学者研究指出教育、年龄等人力资本因素对非农机会的获得有显著影响（赵耀辉，1997），随后邢春冰（2006）进一步指出这种非农就业机会主要通过人力资本投资来实现代际流动；杨晓军（2008）以湖北省武汉市为例，论证了农民工人力资本与非农就业机会及其工资的影响。于雁洁（2016）甚至认为非农就业比例的提升直接取决于个体劳动者的素质，而提高非农就业能力关键在于增加人力资本存量。

第三，从更高职业层次的获得角度来看教育人力资本在职业选择中扮演的重要角色。教育能够让农民工获得具有高社会地位和职业声望的职位，有利于农民工承担管理和专业技术工作（赵延东和王奋宇，2002；李春玲，2005；姚先国和俞玲，2006；高文书，2009；刘万霞，2013；柳建平等，2018）。符平等（2012）认为人力资本则是农民工从事相对高端的职业必备条件，社会资本对相对低端的职业获取有意义。尽管农民工向上流动不容易，但受教育程度可以让农民工更容易获取更高端的职业。有的学者则从自我雇佣这一特殊就业视角出发，研究发现人力资本有利于农民工的自我雇佣（宁光杰，2012；胡凤霞，2014）。欧阳博强等（2018）认为受教育水平会直接影响农民工职业层级的高低。

第四，从更高收入的视角来看教育人力资本对职业选择的重要影响。教育人力资本除了能够提升农民工就业层级之外，也有学者认为可以直接提高农民工的收入。而更有学者认为人力资本对整个家庭的职业选择及其工资收入都有积极影响（史清华等，2007；白菊红，2004）；也有学者从职业进入的路径来分析教育人力资本对农民工收入的影响，甚至因此获得更高收入的作用机制（何国俊等，2008；吴愈晓，2011；程名望等，2014；田丰，2017）。郭凤鸣（2022）探讨了技能培训对相对低收入的农民工群体就业质量的影响。

第五，从就业稳定性、职业转换、职业选择能力的提升等来看教育人力资本在职业选择中的积极作用。王超恩等（2013）对比老一代和新生代两代农民工，认为人力资本对职业的稳定性具有显著影响；殷红霞（2014）认为受教育程度是人力资本的重要组成部分，它主要对职业转换率有显著影响。部分学者关注到了农民工职业选择能力的问题，田艳平（2013）认为教育水平和认知技能可以提高农民工的职业选择能力；田北海等（2013）认为受教育水平主要针对农民工向其他劳动力市场的流动有重要影响；夏怡然（2015）指出越是受教育程度高的农民工职业培训的需求就越大，进而更有利于提高农村劳动力人力资本积累，从而增强其职业竞争力；樊茜等（2018）认为受教育程度会影响农民工就业单位选择和工作的满意度，乃至就业稳定性；赵建国和周德冰（2019）认为教育人力资本可以显著提升新生代农民工的职业选择能力，而且不同层次的教育人力资本的影响存在差异；李旻等（2021）认为自我发展、谋生就业等人力资源能力对农民工职业流动有重要影响。

当然，也有学者认为教育人力资本并不是影响农民工职业选择与流动的主要因素。吴愈晓（2009）研究发现，对于低学历劳动者而言，受教育年限对其经济地位获得几乎没有明显影响；丁雪儿（2017）也认为受教育程度和技术的掌握情况没有对农民工职业流动产生显著影响；李强（1999）曾认为农民工的职业流动大多是水平流动，并没有实现地位的向上流动。尽管他并没有针对职业代际流动进行研究，但他的观点基本认为农民工职业流动没有实现地位的上升。也有些学者认为将劳动力市场进行了区分，认为教育对职业选择的作用因劳动力市场的不同而不同。沃德

（Walder，1995）认为对于城市劳动者而言，教育对其职业向上流动影响较大。其他学者（Sakamoto，1991；Gittleman，1995；Piore，2018）针对国家和不同地区的研究认为，在次级劳动力市场上工作环境和工作稳定性差，受教育程度与工资收入和职位获得几乎无关。

综观教育人力资本对农民工职业选择与流动影响的研究，对教育人力资本作为农民工职业选择的重要因素的探讨比较透彻，同时针对教育人力资本如何影响农民工非农就业机会的获得、职业层级与地位上升、更高收入的获得、职业稳定性与能力提升等方面均有所探讨。但对父母教育对农民工职业选择的影响鲜有人探讨，对个人教育的影响机理也可以进一步深入。

（二）　农民工职业代际流动的研究

关于农民工的职业代际流动，学术界目前已有的研究大多数着眼于老一代农民工和新生代农民工作为代际区分对象来进行比较研究，即以农民工的出生年代的不同来研究其不同特点。王超恩（2013）通过研究认为，人力资本要素在老一代和新生代农民工职业代际流动中均产生了重要作用；柳建平（2017）通过对比两代农民工的差异，发现新生代农民工工作动机虽不像老一代农民工在供养家庭方面的迫切感，但家庭因素仍然是其职业选择与流动的重影响因素。大多数着眼于根据年龄划分的老一代农和新生代两代农民工的代际差异进行比较分析，田艳平（2013）研究认为老一代农民工职业选择与流动比较注重获得一定的、较稳定的收入，而新生代农民工更加关注工作条件；有的找寻了职业流动对农民工收入影响的代际差异（杜妍冬和刘一伟，2015）；有的发掘了两代农民工在工作满意度方面的代际差异（谭银清、张磊和王钊，2015）；罗兴奇（2016）从农民工返乡视角探讨代际差异及作用路径；何玲（2020）探讨了新老两代农民工的职业流动次数对其职业代际向上流动的效用问题，认为职业流动越频繁越不利于农民工职业向上流动。

而真正意义上从父代和子代的关系来研究农民工职业代际流动非常少。邢春冰（2006）集中针对父母与子女之间的非农就业机会代际流动问题进行了探索；李瑞琴（2018）则以农村家庭为单位探讨职业选择的代际特征，并得出代际流动兼具分异性与传承性。周兴和张鹏（2015）认为职业代际流动不高，且会影响代际收入的流动，这在高收入家庭表现尤为明显。卓玛草和孔祥利（2016）通过对全国农民工的调研，研究发现农民工职业代际流动方面呈现出代际差异与代际传递双重嵌套的现象。冯靖等（2020）针对父子之间的职业、收入等代际关系进行了文献综述。

由此可见，职业代际流动作为影响社会代际流动的重要因素已被国内外学者予以较充分的探讨，无论是从职业代际流动的测度、比较、生成影响机制等都进行了详细的探讨，也针对诸如企业经营负责人、体制内就业者等特殊群体的代际传承予以关注。农民工这个群体职业流动频率高，其流动特征、意义和影响因素都进行了详细探索，职业流动对其个人收入和职业地位提升尚存在不同观点。农民工职业代际流动的研究大多数停留在对老一代和新生代这种意义上的代际研究，而针对父代和子代这种意义上的职业代际流动研究还相对比较缺乏。

五、文献评述

由于职业代际流动的特殊性，不仅受到职业领域专家学者的青睐，同时也是社会流动领域学者的研究热门话题，因此研究成果丰硕。从内涵外延拓展、影响因素分析、作用机理剖析、结合收入与职业层级分析等均有所涉及。在教育人力资本对职业代际流动的影响方面来说，虽然出现了教育人力资本促进职业代际流动和阻碍职业代际流动两种不同的观点，但大多数赞成教育能够有效促进职业代际流动；在教育人力资本对社会地位感知的影响方面来说，学术界对此分析逻辑与职业代际流动十分相似，不同领域的专家学者利用各种各样的数据和方法也力求寻求教育人力资本对社会地位的影响，在找寻到一般的特点与规律基础上，也发现教育对社会地位的影响呈现出复杂性和异质性。

李强（2016）认为我国农民工社会地位的提升是解决当前我国社会结构问题的关键，也是建设橄榄型社会结构的重要措施。可针对农民工群体的职业代际研究并不多，更不用说专门针对农民工来探讨教育人力资本、社会地位等对职业代际流动的影响了。目前部分学者对这一问题越来越重视，有一些学者着力于农民工这个庞大的劳动力群体的职业代际流动研究，不过很多学者主要着力于根据年龄划分的老一代和新生代这两代农民工意义的代际研究，只有很少部分学者着眼于父母与子女这种意义上的职业代际流动研究。

综合以上研究可以发现：一是着眼于教育人力资本的探讨和研究为本书的写作奠定了重要的理论基础，但对人力资本传承的影响机理可进一步探索；二是着眼于职业代际流动的成果和研究为本书的撰写做好了坚实的理论准备，可专门针对农民工的职业代际流动进一步拓展；三是着眼于教育人力资本和职业代际流动、教育人力资本与社会地位等两个因素之间的关系探究和成果为本书的写作奠定了重要的理论积淀，可将这一系列变量全部纳入统一理论框架下进行系统分析。

鉴于此，本书旨在探究农民工职业代际流动问题，从教育人力资本传承的角度分析探索农民工职业代际流动的规律和路径，从而促进农民工职业代际流动更加科学合理，促进社会整体结构更加优化完善。本书主要贡献可能在于：第一，将教育人力资本传承引入农民工职业代际流动之中，创新了农民工职业代际流动研究视角。即不仅考虑到农民工个人的教育人力资本对其职业选择与流动的影响，更是考虑到其父母教育人力资本对其职业代际流动的影响；第二，将教育人力资本传承、社会地位感知和职业代际流动放在同一个研究框架之下，丰富了职业代际流动研究的内容。即没有仅仅单独考量两者之间的关系，现实中各种要素是综合作用于农民工职业代际流动的，所以将这几个要素放在同一个研究框架下来展开，从而使研究更加系统和深化；第三，将通过分析整理 CLDS 数据库的方式展开研究，增加研究内容和结论的普适性。即改变个别省份或者地区调研的方式来开展研究，CLDS 数据库包含了全国各个省份的数据，从而增加了研究结论的普遍适用性；第四，将充分考虑教育人力资本传承、社会地位感知和农民工职业代际流动等变量之间的内生性，综合运用 Probit 模型、工具变量法等多种计量方法来处理内生性问题，充实了职业代际流动研究的方法，增加职业代际流动结果的稳健性。

第三章　我国农民工职业发展的现状分析

一、农民工的历史由来、发展与社会贡献

"农民工"这一概念，产生于 20 世纪的 80 年代，最早出现在 1984 年中国社会科学院《社会学通讯》中，狭义的农民工一般指户籍在农村且跨地区外出的进城务工人员；广义上的农民工是指户籍在农村且选择在县域内第二、第三产业就业人员和跨地区外出务工人员。本书主要是指广义上的农民工，除非特别指出外出务工农民工。因此，本书的农民工是指户籍在农村且从事非农工作一年以上的人所形成的社会共同体。

1. 农民工的由来。农民工问题具有鲜明的阶段性特征，其历史由来包括多个方面，既有现行社会制度的原因，也有农村改革发展的原因，是工业化进程的必然，更是城市化进程的必经之路。

首先，城乡二元结构是产生农民工的体制根源。我国农村人口众多，长期以来的城乡二元结构导致城乡发展极其不平衡。如何转移农村人口、促进城乡协调发展一直是我们党和政府努力的一个方向，改革开放之后的一系列政策和现实环境刺激了农民工外出务工的积极性，为农民工走出农村去城市发展开辟了一条统筹城乡发展的道路。

其次，农村改革为农民工产生提供了劳动力来源。家庭承包经营的实施、粮食流通制度的改革，再加上农业科学技术推动农村生产力的发展，劳动生产率得到极大提高，于是产生了剩余劳动力。

再次，工业化进程为农民工的产生提供了现实可能。我国的工业化进程是以重工业优先发展为特征的赶超型发展战略，而城市第二、第三产业的蓬勃发展也急需大量的劳动力，仅仅依靠城镇自然人口增长是难以满足这种高速增长所带来的劳动力需求的，这也急需农村剩余劳动力来填充这个需求。

最后，城市化进程为农民工问题的产生提供了持续动力。城市化是世界各国的发展趋势，而我国的城市化变得格外不同，城乡的巨大反差吸引

了农民工进入城市工作；而城市规模的扩张和基础设施建设，又为吸纳更多农村劳动力提供了持续可能。

2. 农民工的发展。自20世纪80年代以来，农民工从其发展轨迹来看，可以划分为四个阶段。

第一阶段：20世纪80年代开启的"离土不离乡、就地进工厂"阶段。党的十一届三中全会以后，农村改革实行土地家庭承包经营，农村生产效率得以极大提升，农村劳动力出现了剩余。而此时城乡户籍壁垒尚未打开，农民可以进入工业而不能进入城市，而此时乡镇企业得到极大发展，于是大量农村劳动力离开土地进入乡镇企业就业，开创了"离土不离乡、就地进工厂"转移农业劳动力的模式。

第二阶段：20世纪90年代开启的"离土又离乡、进城进工厂"阶段。随着对外开放和城市改革阶段的深入，东部沿海地区因经济的快速发展对劳动力提出了新需求，而阻碍劳动力流动的壁垒被突破，国家也逐步放松了对农民进城就业的限制，进城务工人员激增，以至于1989年开启并持续到现在的因大批跨地区务工人员返乡引起的"春运"。于是，大量农村剩余劳动力开始向经济发展的沿海地区转移就业，形成了"离土又离乡、进城进工厂"的转移农业劳动力的模式。

第三阶段：21世纪开启的"越江又过海、务工又经商"大规模跨省转移阶段。随着社会经济的进一步发展，以高铁为代表的交通工具大幅度提升，这为劳动力大规模转移提供了便利，而多年的务工经历让农民工的就业变得日益多元化。据统计，2009年度全国农民工总量为22 978万人，其中外出农民工14 533万人，在省外务工的农民工为7 441万人，占据全国的51.2%。在外出农民工中，以受雇形式从业的农民工占93.6%，自营者占6.4%[1]。

第四阶段：2010年以来开启的"离乡住进城、务工又生活"农民工市民化新阶段。2010年《关于加大统筹城乡发展进一步夯实农业农村发展基础的若干意见》发布，这个文件的出台意味着我们党首次提出以统筹城乡发展为手段解决"三农"问题，由此也开始走出"工业优先、城市偏向"的二元思维，我国经济社会进入统筹城乡发展的新阶段。随着多年外出务

---

① 根据中华人民共和国国家统计局发布的2009年全国农民工监测调查报告整理而得。

工的累积，城市沿海地区也出现了一大批农民工，比如苏州昆山率先开启了"新昆山人"系列工程，为了加强对流动人口的管理，昆山市把流动人口叫作"新昆山人"，实施了"新昆山人"建设工程，针对农民工在城市所享受的权益保障、住宿居住、公共服务、子女上学等各个方面予以充分考虑，其他各个地方也都有类似的举措。于是，部分进城务工的农民工纷纷选择了离乡住进城里，从而形成了"离乡住进城、务工又生活"农民工市民化新阶段。

3. 农民工的社会贡献。中国改革开放四十多年取得举世瞩目的成就，这是中国人民努力奋斗出来的，是广大农民工坚持起早贪黑、千辛万苦干出来的。农民工对我国经济、政治和社会生活都作出了历史性贡献。

第一，农民工对我国经济发展作出了不可估量的基础性贡献。世界银行等机构研究证明，劳动力由低生产率部门向高生产率部门的重新配置对GDP增长的贡献份额为16%～20%。有学者估计，针对改革开放以来年平均9.6%的国内生产总值增长率，劳动力流动在其中的贡献为16.3%。而在今后的三十年里，如果劳动力由农村向城镇转移的种种障碍逐渐被清除，劳动力在各个部门间转移可为每年经济增长率贡献2～3个百分点①。农民工可以说是唯一个群体对第一产业、第二产业和第三产业都作出了突出贡献的群体，农民工已经成为产业工人的重要组成部分，农民工的工作直接为第二产业和第三产业提供了劳动力支撑，我们所看到的一个个市场不断扩大、一条条马路不断延伸、一座座高楼拔地而起，无不凝结着农民工的汗水，城市中的环卫工人、家政服务人员、餐饮行业人员等，无处不是农民工的身影，可以说他们为我国经济发展起到了非常重要的基础作用。而农民工赚钱回家又增加了对第一产业的消费与投资，从而也促进了第一产业的发展。

第二，农民工对我国城乡统筹促进政治制度改革创新作出了开拓性贡献。我国长期形成的城乡二元结构始终是整个国家发展的一个重要障碍，而农民工走向城市工作逐渐探索出了一条城乡统筹的新路，加上国家适时地予以支持和引导，让城市和农村两个群体能够和谐发展。在中国经济极

---

① 韩长赋. 中国农民工的发展与终结 [M]. 北京：中国人民大学出版社，2007：102 -
163.

度贫困、工业化水平较低的时期，通过农村剩余劳动力向城市转移实现了城市经济的飞速发展和工业化进程的突飞猛进，真正让国家一部分人先富起来了，而随着城市经济的发展，政策逐渐向农村倾斜，以城市的发展反哺农村，实现城市与农村的统筹发展。而农民工在这个过程中扮演着至关重要的角色，是他们走出农村支援城市的建设，从而促进城市经济的快速发展和工业化进程的推进，又是他们通过在外的经济积累回去建设家乡、建设乡镇，从而促进农村的发展和城镇化进程的加快。

第三，农民工对我国社会生活作出了不可或缺的关键贡献。农民工的跨地区、跨身份、跨文化等特征，加上很多农村青年就是抱着拓宽视野、学习新技术的想法出门的，在打工生涯中接触到新的思想理念、工作方式，返乡以后带回了市场信息、管理经验，更带回了现代文明的生产方式和生活经验。越来越多的农民工在工作所在城市学会了适应更高效率、更快节奏的生活方式，增加了市场观念，培养了人文精神。与此同时，其思想观念等各方面的转变将影响到农村家庭关系、孩子教育，有力地促进了农村文明的发展；与此同时，农民工朴素的就业理念、善良的心理互动、踏实的工作作风、吃苦耐劳的工作品质也会也促进了城市企业的治理，形成了独特的具有中国特色的企业管理方式与方法，有力地推动了企业管理的发展，进而推动了城市的发展。更为重要的是，农民工推动了社会阶层流动，促进了城乡统筹发展，推动了社会公平，有利于社会的和谐稳定发展。

因此，农民工是我国工业化的基础力量，也是我国城市化进程的推动力量，更是我国现代化的关键组成部分。农业农村部原部长韩长赋认为："亿万农民工是我国工业化、城市化、现代化的巨大推动力量，是城乡体制改革、政府改革和冲破二元经济社会结构的巨大推动力量。"①

二、农民工职业生存与发展政策的演变与发展

农民工自从产生到现在，经历了四十余载的时间，是一个权益博弈的历史过程，也是一个逐步规范化的过程，更是一个不断完善个人发展的过

---

① 韩长赋. 中国农民工的发展与终结 [M]. 北京：中国人民大学出版社，2007：102－163.

程。总的来说，基本形成以"不拖欠工资"为主线促进农民工职业生存与发展不断规范化，近十五年以"解决农民工问题"为突破口促进农民工职业生存与发展良性运转，近五年以"做好为农民工服务工作"为特征促进农民工职业创新发展，是一个不断探索的过程，也是一个不断完善的过程，还是一个不断创新的过程。

1. "不拖欠工资"是农民工职业生存与发展四十余载的主线。拖欠农民工工资曾经成了一个突出的社会历史问题，每到年底农民工讨薪问题频频上新闻。

为了解决不拖欠农民工工资问题，国家和各级地方政府从多个方面想办法维护农民工的合法权益；而为了全面治理农民工工资拖欠这个问题，2016 年国务院办公厅印发的文件《国务院办公厅关于全面治理拖欠农民工工资问题的意见》①，在关于企业工资支付行为的规范、工资支付监控保障制度的完善、企业工资支付诚信体系的构建、拖欠工资问题的处置、建设领域工程款支付和用工方式的改进等六个大的方面共计提出十六条具体的管理措施，农民工工资的监管得到了有力的制度保障。2017 年 9 月，人力资源和社会保障部专门制定印发了《拖欠农民工工资"黑名单"管理暂行办法》②，于 2018 年 1 月 1 日起施行，截至 2020 年这三年间已经公布了共计四批拖欠农民工工资"黑名单"了。而为了彻底解决这个问题，经 2019 年 12 月 4 日国务院第 73 次常务会议通过，于 2019 年 12 月 30 日公布的《保障农民工工资支付条例》③ 正式出台，自 2020 年 5 月 1 日起施行。这也意味着从此对农民工工资支付行为有了专门的法律支持。为了保证这些政策文件的贯彻落实，全国根治拖欠农民工工资工作暨农民工工作电视电话会议于 2021 年 12 月 24 日在北京召开，李克强总理作出重要批示。批示指出：要拿出更有效举措有力解决农民工工资拖欠中的突出问题，坚决不允许拖欠农民工工资这笔辛苦钱，针对恶意拖欠者必须依法依规从严惩处。国务院根治拖欠农民工工资工作领导小组办公室开通的全国根治欠薪线索反映平台已在国务院客户端小程序正式上线。任何人都可以通过登录

---

① 参见国务院官网 http：//www. gov. cn/zhengce/content/2016 – 01 – 19/content_ 5034320. htm。

② 参见人力资源和社会保障部官网 http：//www. mohrss. gov. cn/xxgk2020/fdzdgknr/zcfg/gfxwj/ldgx/201709/t20170930_ 278573. html。

③ 参见国务院官网 http：//www. gov. cn/zhengce/2020 – 12 – 27/content_ 5573799. htm。

国务院客户端小程序提供线索。

从某种意义上来讲，这也意味着农民工四十余年为"不拖欠工资"的奋斗历程到了一个新的阶段，也意味着这四十余年为"不拖欠工资"的奋斗主线有了一个相对完美的答案。一方面，有了国家和政府的高度重视，出台了一系列政策法规，为不拖欠农民工工资奠定了坚实的组织保障和制度基础；另一方面，有了传统的和现代的科技手段，拥有了各种路径和技术平台，为不拖欠农民工工资提供了有力的技术保障和路径基础。

2. 解决问题是农民工职业生存与发展近十五年的重要内容。由于农民工工作内容的特殊性，加上诸多不确定性，"临时性"一直是农民工工作的主要特征，这也为相关劳动权益难以得到保障埋下了隐患。因此，劳动保障部于2005年发布了《关于加强建设等行业农民工劳动合同管理的通知》[1]，规定所有使用农民工的用人单位，都应当依法与农民工签订书面劳动合同，并向劳动保障行政部门进行用工登记备案。这是全国范围内专门针对农民工合同签订进行发文。2006年，国务院专门发布了《国务院关于解决农民工问题的若干意见》[2]，指出解决农民工的问题事关我国经济和社会发展全局，是建设中国特色社会主义的战略任务，对农民工工资支付行为、规范劳动关系管理、就业服务和培训管理、社会保障监控等各个方面进行了详细规定。

从这个规范性文件下发开始，也就意味着开始着手于解决农民工职业生存与发展中的系列问题，从合同签订等劳动关系建立起点予以规范，进而就工作条件、工资支付、技能培训、社会保障等各个方面的问题予以规范和推动，也逐步开始攻克农民工工作中的一个又一个问题，进而解决农民工职业发展中的一个又一个难题。

3. 做好服务是农民工职业发展近五年的新举措。伴随着社会经济的发展，国家对共同富裕的追求，面临着人口结构的变化，也面临着近年来新冠疫情带来的环境挑战，农民工的作用日益凸显，同时对农民工的工作技能要求也越来越高，对农民工职业发展的相关诉求也越来越多。

随着前一阶段《国务院关于解决农民工问题的若干意见》的公布与实

---

① 参见人力资源和社会保障部官网 http://www.mohrss.gov.cn/xxgk2020/fdzdgknr/zcfg/gfxwj/ldgx/201407/t20140717_ 136261.html。

② 参见国务院官网 http://www.gov.cn/zhuanti/2015 –06/13/content_ 2878968.htm。

施,有效地促进了农民工就业服务工作,让农民工工资收入实现大幅增加、参加社会保险人数快速增长、职业技能不断提升、劳动保障得以加强。不过,农民工的就业稳定性不强、劳动保障权利受损仍时有发生。2022年1月19日,北京市第269场新冠肺炎疫情防控工作新闻发布会召开,会上公布了朝阳区一无症状感染者的轨迹,该人主要从事装修材料搬运工作,显示其18天辗转近30地,而且大部分工作时间都在凌晨。具体来说,他从1月1日到1月14日,整整两周连续14天没有好好休息,总共工作时长达85小时25分钟,深夜和凌晨工作的时长总共有54.5小时,占了总工作时长的63.8%。其中1月10日,更是从深夜12点一直工作到第二天早上的9点以后,这9个小时期间更是转换了5处工作地点。

从这个案例中我们可以感受到农民工工作的基本特点和各种辛酸。国务院于2014年还出台了《关于进一步做好为农民工服务工作的意见》①,针对农民工的就业创业支持、劳动保障权益、城镇落户问题、社会融合等方面作了详细的规定,推动农民工数量和质量持续提升,每年开展农民工职业技能培训2 000万人次、工作环境明显改善、工资基本无拖欠并稳定增长、参加社会保险全覆盖等目标。2015年,还出台了《国务院办公厅关于支持农民工等人员返乡创业的意见》②,具体制定了鼓励农民工等人员返乡创业三年行动计划纲要。住房和城乡建设部为了配合做好制造业和建筑业这些重点行业的农民工权益保障难题于2018年出台了《建筑工人实名制管理办法》③,将有效遏制农民工合同签订、超额工作时间和欠薪等突出问题。

农民工群体为社会经济发展作出了极大贡献,但长期以来却一直处于相对弱势的地位,甚至遭到了很多人的歧视。因此,有些专家和学者就一直在讨论,应该给农民工这个群体换一个更恰当的名字,先后有过进城务工人员、外来务工人员等,最近还有专家学者提出新型产业工人等。无论未来用何种称呼,农民工群体的历史贡献都是巨大的,农民工未来的职业发展一定是社会所关注的。

---

① 参见国务院官网 http://www.gov.cn/xinwen/2014-09/30/content_2759111.htm。

② 参见国务院官网 http://www.gov.cn/zhengce/content/2015-06/21/content_9960.htm。

③ 参见住房和城乡建设部官网 https://www.mohurd.gov.cn/gongkai/fdzdgknr/zfhcxjsbwj/201902/20190228_239611.html。

自 2014 年这个纲领性文件出台以来，意味着对农民工的职业生存与发展从"问题解决"阶段上升到了"做好服务"阶段，这个职业仍然面临着生存境遇问题，但更多的是上升到了职业发展层面。这个阶段历时尚不长，但在面对整体的社会发展和环境变化的情况下，已经取得了一定的进展。

综上所述，农民工职业发展经过了不断发展和成熟的过程，经过了从生存型向发展型、从外驱型向内驱型的转变，细化农民工职业层级，加以分类研究和指导成为接下来农民工职业发展的必然要求。

三、农民工近十年职业发展的基本特征

近十年，农民工的职业生存与发展取得了重大进展，也发生了翻天覆地的变化，呈现出了一些独有的特征与规律。为了更好地做好农民工相关工作，国家自从 2011 年开始每年定期对农民工进行监测，并形成专门的农民工监测调查报告。以下将近十年的农民工监测情况予以归纳和总结，凝练出农民工主要职业特征如下。

1. 整体构成比较年轻，平均年龄呈现不断增大趋势。作为农村剩余劳动力转移，农民工这个群体整体比较年轻。2011 年，16～20 岁的农民工占据了整体农民工的 6.3%，21～30 岁的占据了整体农民工的 31.9%，31～40 岁的占据了整体农民工的 22.5%，41～50 岁的占据了整体农民工的 25.6%，50 岁以上的仅占据了 15.1%。也就是说，40 岁以下的青壮年占据了农民工近 60% 的比例。而到了 2021 年，16～20 岁的农民工仅占据了整体农民工的 1.6%，21～30 岁的占据了整体农民工的 19.6%，31～40 岁的占据了整体农民工的 27%，41～50 岁的占据了整体农民工的 24.5%，50 岁以上的仅占据了 27.3%。也就是说，40 岁以下的大龄农民工占据了农民工整体 50% 以上的比例。而这些年农民工的平均年龄分别为 36 岁、37.3 岁、35.5 岁、38.5 岁、38.6 岁、39 岁、39.7 岁、40.2 岁、40.8 岁、41.4 岁和 41.7 岁。尽管农民工整体年轻化，但我们也发现其平均年龄不断提升，十年来平均年龄提升了近 6 岁，这也意味着这个群体年龄逐渐开始变大。具体如图 3－1 所示。

2. 区域布局日益均衡，东部地区仍占主导但呈下降趋势。从农民工输出地来看，东部地区刚开始是主要输出地区，但随着时间的推移，中部地区和西部地区的逐步增长，开始于东部地区的输出比例接近，甚至是有超

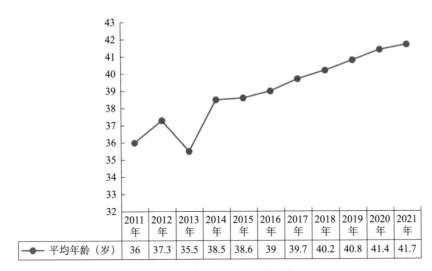

	2011年	2012年	2013年	2014年	2015年	2016年	2017年	2018年	2019年	2020年	2021年
平均年龄（岁）	36	37.3	35.5	38.5	38.6	39	39.7	40.2	40.8	41.4	41.7

图 3 - 1　农民工平均年龄变化

资料来源：2011～2021 年全国农民工监测调查报告整理而成。

越东部地区的趋势。2011 年，东、中、西部地区的农民工输出比例占整体农民工的比例分别为 42.7%、31.4% 和 25.9%；而到了 2021 年，东、中、西部地区的农民工输出比例占整体农民工的比例分别为 38.5%、33.3% 和 28.2%。具体如图 3 - 2 所示。

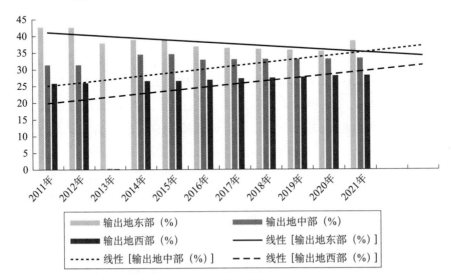

图 3 - 2　农民工输出地变化情况

资料来源：2011～2021 年全国农民工监测调查报告整理而成。

　　从农民工输入地来看，东部地区由于经济发展比较快，所以在农民工输入地占据绝对优势，并且十多年以来均是如此，其绝对优势地位从未改变，但随着时间的推移，其主导地位稍有减弱。2011年，东、中、西部地区的农民工输出比例占整体农民工的比例分别为65.4%、17.6%和16.7%；而到了2021年，东、中、西部地区的农民工输出比例占整体农民工的比例分别为55.96%、22.52%和21.52%。具体如图3-3所示。

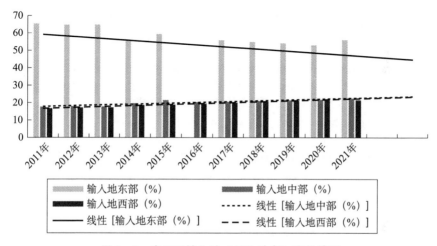

图 3 - 3　农民工输入地（工作地点）变化情况

资料来源：2011~2021年全国农民工监测调查报告整理而成。

　　3. 从事行业逐渐多元化，建筑制造业主体地位开始削弱。农民工所从事的行业一直以来均以制造业和建筑业为主，基本上这两个行业的从业人员占据整个农民工的一半。2011年，从事制造业的农民工占36%，从事建筑业的占17.7%，从事交通运输、仓储和邮政业的占6.6%，从事批发零售业的占10.1%，从事住宿餐饮业的占5.3%，从事居民服务和其他服务业的占12.2%；2017年开始继续从事这传统的六大行业，开始有少部分的农民工从事公共管理、社会保障和社会组织以及其他行业。到了2021年，从事制造业的稍有下降，但仍占据整个农民工的27.1%，从事建筑业的占19%，从事交通运输、仓储和邮政业的占6.9%，从事批发零售业的占12.1%，从事住宿餐饮业的占6.4%，从事居民服务和其他服务业的占11.8%，从事其他行业占13.7%。具体如图3-4所示。

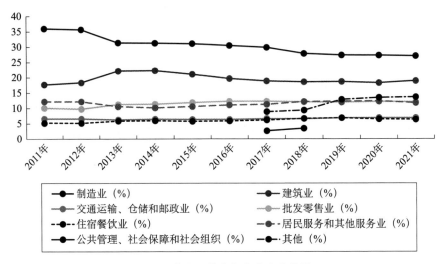

图 3 - 4 农民工从事行业分布变化情况

资料来源：2011～2021 年全国农民工监测调查报告整理而成。

从上图 3 - 4 可以看出，制造业和建筑业一直是农民工主要从事的两个行业，这些年分别占据了整个农民工的 53.7%、54.1%、53.6%、53.6%、52.2%、50.2%、48.8%、46.5%、46.1%、45.6% 和 46.1%。尽管逐年稍有下降，但最低也占据了整个农民工的 45.6%。与此同时，从图 3 - 4 可以发现，从事交通运输、仓储和邮政业和居民服务业的一直比较稳定，从事批发零售和住宿餐饮稍有提升。最重要的变化在于，从事公共管理、社会保障和其他行业的农民工逐年增长。这也体现了农民工职业种类不断多元化。

4. 受教育程度普遍偏低，高中及以上文化程度稳步提升。农民工整体文化水平偏低，2011 年未上过学的还占据了 1.5%，小学文化程度的占据 14.4%，初中文化程度的占据 61.1%，高中、中专的占据 17.7%，大专及以上才占据 5.3%。2021 年未上过学的仅占据了 0.8%，小学文化程度的占据 13.7%，初中文化程度的占据 56%，高中、中专的占据 17%，大专及以上占据了 12.6%。高中及以上文化程度的农民工这些年来分别占据了整个农民工群体的 23%、23.4%、22.8%、23.8%、25.2%、26.4%、27.4%、27.5%、27.7%、28.9% 和 29.6%，呈现稳步增长的趋势，具体如图 3 - 5 所示。

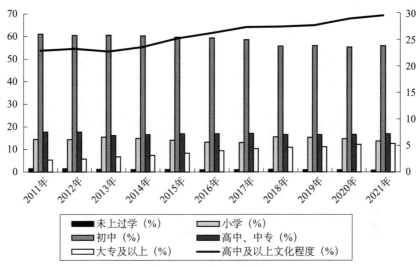

图 3 - 5　农民工受教育程度变化情况

资料来源：2011 ~ 2021 年全国农民工监测调查报告整理而成。

5. 职业培训比例不高，农业技术培训下降非农培训提升。由于工作技能层次整体不高，农民工接受职业培训比例整体不高，大概只有 30% 的人接受过技能培训。在这十年间，农业技术培训稳步下降，而接受非农职业培训逐步提升，但总体比例趋于稳定。接受过农业技术培训的稳定在 8% ~ 11%，最高是 2011 年，占据农民工总数的 10.5%，最低为 2015 年和 2016 年，占据农民工总数的 8.7%；接受过非农技术培训的稳定在 25% ~ 32%，最高是 2014 年，占据农民工总数的 32%，最低为 2012 年，占据农民工总数的 25.6%。从整体来看，接受过技能培训的基本稳定占据农民工总数的 30% ~ 33%。具体如图 3 - 6 所示。

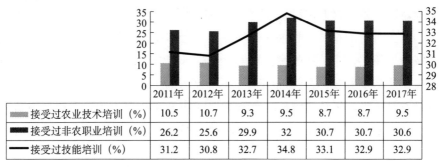

	2011年	2012年	2013年	2014年	2015年	2016年	2017年
接受过农业技术培训（%）	10.5	10.7	9.3	9.5	8.7	8.7	9.5
接受过非农职业培训（%）	26.2	25.6	29.9	32	30.7	30.7	30.6
接受过技能培训（%）	31.2	30.8	32.7	34.8	33.1	32.9	32.9

图 3 - 6　农民工接受技能培训变化情况

资料来源：2011 ~ 2021 年全国农民工监测调查报告整理而成。

6. 职业收入稳步增长，总体呈现地区增长不平衡状况。伴随着国家对农民工收入增长的密切关注，农民工呈现出逐年增长的趋势，从2011年人均月收入2 049元，上升到2021年人均月收入4 432元；整体月收入翻倍还多334元，每年人均月收入增长也就是新冠疫情暴发的这一年仅有110元，最多的一年人均月收入增长359元，相比前一年的增长幅度最高达21.2个百分点，最低也有2.8个百分点。具体如图3-7所示。

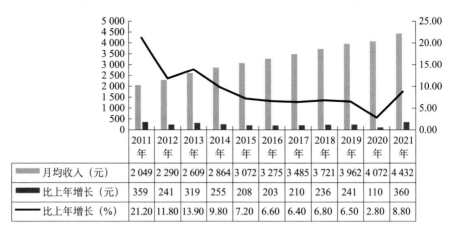

	2011年	2012年	2013年	2014年	2015年	2016年	2017年	2018年	2019年	2020年	2021年
月均收入（元）	2 049	2 290	2 609	2 864	3 072	3 275	3 485	3 721	3 962	4 072	4 432
比上年增长（元）	359	241	319	255	208	203	210	236	241	110	360
比上年增长（%）	21.20	11.80	13.90	9.80	7.20	6.60	6.40	6.80	6.50	2.80	8.80

图3-7 农民工人均收入与增长变化情况

资料来源：2011~2021年全国农民工监测调查报告整理而成。

不过，农民工人均月收入增长呈现出明显地区差异。2011年，东、中、西部地区农民工人均月收入分别为2 053元、2 006元和1 990元；到了2021年，东、中、西部地区农民工人均月收入分别为4 787元、4 205元和4 078元。其中，东部地区增长最快，2021年人均月收入是2011年的两倍还多681元，增长幅度为133%；而中部地区和西部地区的涨幅低于东部地区，分别为110%和105%。具体如图3-8所示。

综上所述，农民工职业发展取得了一定的成果，从过程来看，无论是区域的均衡化，还是行业的多元化，都意味着农民工职业发展空间的不断拓展；从结果来看，农民工的工资不断增长也意味着其职业的良性发展。不过农民工平均年龄的增长、受教育程度普遍偏低、职业培训比例不高等状况也需要进一步关注，农民工的职业发展需要更加精细化、定量化的分析与探讨。

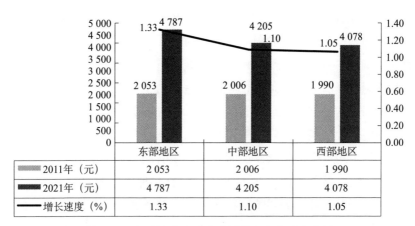

	东部地区	中部地区	西部地区
■ 2011年（元）	2 053	2 006	1 990
■ 2021年（元）	4 787	4 205	4 078
— 增长速度（%）	1.33	1.10	1.05

图 3 - 8　各地区农民工人均月收入变化对比分析

资料来源：2011～2021 年全国农民工监测调查报告整理而成。

四、农民工职业发展存在的问题及推动职业代际流动的必要性

农民工职业发展取得了较大发展，也为社会作出了突出贡献，推动农民工职业代际流动不仅关系农民工职业发展，还涉及整个国家的经济发展和社会和谐发展的大局。尽管其职业层级日渐丰富，但其职业发展本身还存在很多问题，推动职业代际流动具有紧迫性和必要性。

1. 农民工职业发展存在的主要问题。农民工职业发展历经四十余载，相对来说还是一个处于高速发展、不断完善的阶段，农民工本人及其职业环境创设都需要进一步完善，主要存在的问题与挑战包括以下方面。

一是农民工本人方面存在的问题与挑战：整体年龄不断增大、职业技能不高，且整体数量将不断下降。面对农民工发展历程的推进，第一批农民工大部分都还活跃在各类劳动力市场，所以呈现平均年龄不断增大的趋势；近年来国家已经加强对农民工的职业技能培训，但是培训的普遍性和精准性还有待进一步增强，总体来说，现实中的农民工职业技能尚存在整体不高的现象；随着人口红利的日益消失，农民工的数量也将呈现下降的趋势。

二是农民工工作方面存在的问题与挑战：农民工所从事的社会职业层级低、流动性强、条件差、技术含量不高等问题。学者陆学艺根据拥有资源的多寡针对社会阶层的进行分层，农民工所从事的职业大部分属于社会

的底层，职业所具有的无论是经济资源、政治资源，还是文化资源都比较少；大部分农民工所从事的职业具有临时性，故其流动性非常高；加上制造业和建筑业本身的工作性质，即便是服务行业农民工所从事的也大部分是其基础岗位，所以工作条件相对比较差；由于个人工作技能是需要与岗位技能所匹配的，技能不足的农民工所从事的工作技术含量也是不高的。

三是整体社会氛围对农民工尚存在认识不足甚至歧视：部分人并没有认识到农民工对社会的贡献，反而对农民工有歧视和偏见。社会上对农民工为整个国民经济的贡献认识不足，尽管有多种国家政策为其保驾护航，但正因为是弱势群体才需要特别保护。由于户籍改革、子女入学、住房等多方面的政策，让农民工在务工所在地越来越感受到了便利和温暖，但是真正融入一个地方的生活尚需要良好的社会氛围来支撑。据统计，在进城农民工中，认为自己所居住城市的"本地人"这种城市归属感和适应度逐年提升，2016～2021年分别有35.60%、38%、38%、40%、41.40%、41.5%的农民工认为自己是"本地人"①。也就是说，即便是到了2021年，也仅有四成农民工能比较好地适应所在城市的生活。这一方面与农民工本人的适应力有关，另一方面与整个社会对农民工的友善氛围营造还不够有关。

综上所述，无论是农民工本人方面的，还是来自农民工工作方面的，抑或是社会氛围方面的，其根源还在于着眼于农民工职业层级本身，只有不断提升农民工职业层级，不断从纯体力向非体力、无技术到有技术等方面的转换，才能彻底解决农民工的相关问题；只有不断积累每一代人的基础，不断从一代向下一代的职业层级流动，才能实现农民工职业发展。

2. 推动职业代际流动的紧迫性和必要性。农民工群体的形成是由我们国家社会发展历史所决定的。他们为我国经济快速发展作出了重要贡献，但现实中其工作特征所呈现出的一系列问题，急需从根本来解决，职业乃是一个人安身立命的根本，推动职业代际流动既是解决这些问题的有力工具。从某种意义上来说，推动农民工职业代际流动是基于现实问题所需和未来发展所需。

一方面，推动农民工职业代际流动现状具有现实所需的紧迫性。据统

---

① 根据中华人民共和国国家统计局发布的2016～2021年农民工监测报告整理而得。

计，农民工整体职业代际流动不容乐观，而更为严重的是，职业层级越低的职业代际流动性越差，对比父亲和农民工子女的职业层级，偏体力等农民工群体的职业代际流动比率与拥有一定管理技术管理层级的农民工群体低 9.09%；对比母亲和农民工子女的职业层级，偏体力等农民工群体的职业代际流动比率与拥有一定管理技术管理层级的农民工群体低 11.06%①。而也是在同一年，孙旭（2018）研究也发现，农村居民年轻子代的代际流动性出现了不可忽略的下降趋势。由此可见，推动其职业代际流动变得迫在眉睫。

另一方面，推动农民工职业代际流动具有未来发展所需的必要性。第一，推动职业代际流动是促进农民工个人全面发展的重要路径。职业是个人获得生活来源的重要方式，也是提升自我能力的有效路径，更是积累个人资源的最好通道。一旦能够推动农民工职业代际流动，农民工的经济资源、政治资源和文化资源等都有了相应的变化，其个人将得到更加全面的发展，从而也更加适应新的经济形势和市场人才需求。第二，推动职业代际流动是适应产业转型升级和市场人才需求的重要路径。在国务院发布的《新时期产业工人队伍建设改革方案》②中强调，需要打造一支有理想守信念、懂技术会创新、敢担当讲贡献的宏大的产业工人队伍。很明显，农民工是这个产业工人队伍的重要来源。所以甚至有学者提出将"农民工"改为"新兴产业工人"，无论名字是否更改，但农民工无疑是未来产业工人队伍的重要组成部分，其实最主要的就是要掌握更先进的技术，才能符合我国产业转型所需要的新型人才，这本身就意味着职业代际流动的内涵，甚至是部分的农民工可以适应时代需求成为具有专业技术的专门人员。第三，推动职业代际流动是推动社会安全稳定、实现和谐发展的重要路径。在城市这一空间中农民工群体与城市居民在权利享有上形成了鲜明对比，这种对比会因农民工群体的扩大而引起社会的关注，自然也会引发农民工群体心理的变化，这也构成了社会的不安定因素来源。农民工为社会发展作出了巨大贡献，也要能够分享经济发展所带来的成果，只有统筹各方利益实现和谐发展才是解决问题的办法。因此，这需要推动整体的产业升

---

① 数据来源于由中山大学 2018 年全国范围内的组织调研所形成的 CLDS 数据库。
② 参见国务院官网 http：//www. gov. cn/xinwen/2017－06/19/content_ 5203750. htm。

级，改善农民工工作条件，也需要积极推动农民工职业代际流动，让每个人都有实现向上流动的机会与可能。第四，推动职业代际流动是实现国家共同富裕目标的重要路径。党的十九大报告提出的 2035 年目标和 2050 年目标，都鲜明地体现了改善人民生活、缩小差距、实现共同富裕的要求。由于各种历史原因，我国长期存在城乡经济发展不平衡的问题，在中国经济极其困难之时，邓小平同志高瞻远瞩地提出改革开放的思路，希望让一部分地区、一部分人可以先富起来，然后带动和帮助其他地区、其他人，从而逐步达到共同富裕。2021 年 8 月 17 日，习近平总书记主持召开中央财经委员会第十次会议就扎实促进共同富裕问题作了深入阐述：要坚持以人民为中心的发展思想，在高质量发展中促进共同富裕，正确处理效率和公平的关系，构建初次分配、再分配、三次分配协调配套的基础性制度安排，形成中间大、两头小的橄榄型分配结构，促进社会公平正义，促进人的全面发展，使全体人民朝着共同富裕目标扎实迈进。而超过 1/5 人口的农民工，促进他们向中间部分靠近才是形成橄榄型结构的关键。

综上所述，推动农民工职业代际集紧迫性与必要性于一体，一方面，农民工职业代际流动现实状况决定了推动农民工职业代际流动的紧迫性；另一方面，农民工职业代际流动不仅关系农民工个人发展问题，也关系产业转型升级，更关系经济发展、社会稳定和共同富裕目标的达成。

第四章 理论基础与分析框架

一、理论基础

（一） 人力资本代际传承理论

人力资本代际传承理论是在人力资本理论的基础上建立起来的。所谓人力资本理论（human capital theory，HCT），它起源于经济学研究。20 世纪 60 年代，美国经济学家舒尔茨和贝克尔创立人力资本理论，开辟了人力资源研究的新时代。传统管理中诸如土地、设备、机器、原材料、货币等为代表的物质资本备受关注，而人力资本理论则区分了物质资本和人力资本的不同，认为人力资本是体现在劳动者身上的资本类型，并通过投资而形成的，它是蕴含于人身上的各种生产知识、劳动与管理技能以及健康素质的存量总和。与物质资本相比，对人力资本的投资具有更高的回报率。舒尔茨认为，与其他投资相比，对人力资本的投资之所以具有高回报率，是因为这种投资一旦形成就会对被投资个体产生长期影响。在这些投资方式中，教育是人力资本投资最重要的作用途径。

人力资本代际传承理论（intergenerational transfer of human capital，ITHC）是将人力资本理论引入代际研究领域之中，建构人力资本代际传承理论的集大成者包括贝克尔（Becker）、汤姆斯（Tomes）、索隆（Solon）等。贝克尔和汤姆斯（Becker & Tomes）最早提出代际收入流动性理论模型，人力资本的积累和传递是代际收入的重要传递机制。随后，索隆（Solon）将人力资本传承在宏观层面上描述为一个国家、民族上一代人力资本存量对下一代人力资本积累的影响，在微观层面上即是以一个家庭为单元，上辈父母人力资本积累对子代人力资本传递的影响。人力资本代际传承理论改变了传统意义仅仅关注个体人力资本，还追溯到其父母的人力资本，主要强调父母人力资本和子女自身人力资本共同影响子女的职业、地位和收入等。

（二） 计划行为理论

计划行为理论是从理性行为理论发展而来的。理性行为理论（theory of reasoned action，TRA）是由美国学者菲什拜因和阿耶兹（Fishbein & Ajzen）于1975年提出的，主要用于分析个体态度如何有意识地影响个体行为，重点关注基于认知信息的态度形成过程，其基本假设是认为人是理性的，在做出某一行为之前会综合各种信息来综合考虑自身行为的意义和后果。而计划行为理论（theory of planned behavior，TPB），是由阿耶兹（Ajzen）于1991年提出的，是理性行为理论的继承者，其研究认为人的行为并不是百分之百地出于自愿，而是处在某些因素的控制之下。因此，他进一步丰富和扩充了TRA理论，增加了一项对自我"行为控制认知"的新概念，从而不断发展成为新的行为理论研究模式——计划行为理论。计划行为理论能够帮助我们理解人到底是如何改变自己的行为模式的，认为人的行为表现与改变都是经过深思熟虑和精心计划的结果。

计划行为理论认为人的行为选择受到行为态度、主观信念和知觉行为控制的相互作用和影响，而这三个因素分别由行为信念、规范信念和控制信念三个信念分别引发或者是共同作用来引发。由此可见，人的个人决策除了受到个人主观的态度和信念影响之外，因对客观事物的知觉感知控制也是一个重要的影响因素。

（三） 社会认知职业理论

社会认知职业理论是指社会认知理论在职业领域的运用。社会认知理论是20世纪70年代班杜拉（Albert Bandura）提出的，该理论认为人们根据行为、个人因素和环境的三元互惠决定论获得并维持行为模式，行为、个人因素和环境这三个因素相互影响，并且每一个因素的重要性因个人反应和行为变化而不同。他们认为行为、认知和其他内在倾向与环境是相互作用的决定因素，其中一个影响源可能比其他因素更强大，或者不同的影响源在不同的时间起作用。行为、个人因素和环境相互影响个人因素和行为之间的相互作用包括思想、情感和行为的相互作用行为受个体思维、信念和感觉方式的影响，而思维、信念和感觉的方式则受其行为影响。

社会认知理论在职业选择与决策领域的运用则形成了社会认知职业理论（social cognitive career theory，SCCT）。社会认知职业理论是在作职业决策时所遵循的一个重要理论，它是以社会认知理论为基础，强调个体的行为受到三个决定要素的影响：个人目标、自我效能和结果期待。个人目标是未来活动所追求的载体，用目标来指导自己的行为；自我效能是指对要得到的行为结果能力的信念，这个信念是与他人、行为和环境相互作用的；结果期待则测试个人对所从事活动想要的结果，如受到奖励等。实际上，社会认知职业理论提出了个人目标、自我效能和结果期待之间的相互作用关系，这是一种心理感知与认识分析的综合作用结果。社会认知职业理论认为：个体职业目标源自职业兴趣与动力的影响，进而会影响职业选择和行动，进一步决定了后续的成就感获得；而提升自我效能和结果预期反过来又能有效激发职业兴趣，学习体验与感知是影响个体自我效能和结果预期的关键，受到个体因素和背景因素的限制。当然，个人目标、自我效能、结果期待的相互作用与成就获得，离不开对应的社会支持系统。

二、分析框架

（一）教育人力资本传承对农民工社会地位感知的影响

根据人力资本代际传承理论，教育人力资本传承会通过两个途径对子女产生影响，一是父母本身的教育人力资本，一般教育水平越高的父母越重视子女的教育，也更加注重陪伴子女的时间和效率；二是子女自身的教育人力资本，一般教育水平越高的父母越能创造出更好的条件来投资子女的教育，同时也能创造出更好的基础条件让子女获得更好的教育，从而让子女拥有更高的教育人力资本。

根据计划行为理论，农民工受到个人主观信念和客观知觉感知控制的影响，其社会地位的获得受到先赋性因素和自致性因素的影响。一方面，农民工的家庭经济状况、职业地位、家庭氛围等源于家庭的先赋性因素会影响农民工社会地位的获得与感知；另一方面，农民工自身的知识储备、技能状况、经验积累等自致性因素也会影响农民工社会地位的获得与感知。

由于农民工社会地位感知受多方面因素的影响，既包括农民工当前客观存在的经济地位、政治地位、职业地位等各种综合元素的感知情况，也包括了农民工对自己所处状况的主观认同和感受。教育人力资本传承可通过以下三个路径影响农民工社会地位感知：一是专业投资路径，拥有教育人力资本越多的父母拥有更多专业知识，也拥有接触社会不同领域的机会，所以更多可能采用专业化的职业指导方式来教育和指导子女，甚至直接用投资的方式来帮助和引导子女；二是日常指导路径，拥有更多教育人力资本的父母在教育、培养子女方面也拥有更多的知识，让子女教育更具有效率和效果；三是心理辐射路径，父母和子女的相处体现在家庭生活的每一个细节之中，拥有更多教育人力资本的父母在生活相处中能在无形中给予子女心理的暗示和激励，润物细无声般影响着子女的社会地位感知。

由此可见，教育人力资本传承对农民工社会地位感知有着重要的影响，具体如图4-1所示。

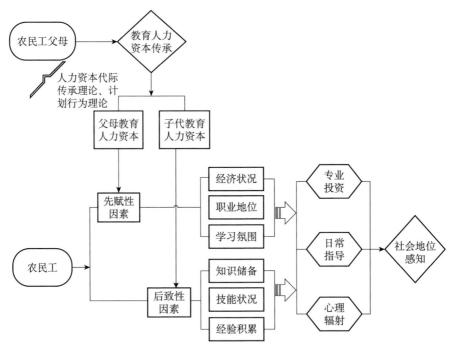

图4-1　教育人力资本传承对农民工社会地位感知的影响

无论是父母本身的教育人力资本，还是父母对子女的教育投资，都通过专业投资、日常指导和心理辐射三条路径来影响子女的先赋性和后致性要素，进而影响农民工的社会地位感知。

（二） 社会地位感知对农民工职业代际流动的影响

根据计划行为理论，农民工的社会地位知觉感知控制影响他们对职业选择的决策行为。而这种知觉感知控制是由其行为信念、规范信念和控制信念综合作用的结果。而根据社会认知职业理论，农民工的职业决策依赖于其个人目标、自我效能、结果期待三者之间的综合作用。

农民工个人的社会地位知觉感知控制在农民工父母对其子女职业决策的影响可能来自两个方面：一方面，来自父母与子女相处过程中的暗示效应。暗示效应是指用间接的含蓄、抽象的方法对个体的心理和行为产生一定影响，促使该个体按照某种特定的方式去接受建议或采取行动，从而使得其思想、行为符合暗示者期望的目标。据研究，儿童比成人更容易接收暗示，所以在漫长的成长过程中，农民工子女接收到太多来自父母的暗示。父母对于自身职业的认知以及自身职业在整个社会中的境遇，这都将潜移默化地在子女心理中予以体现。另一方面，来自父母与子女相处过程中的参照效应。参照效应是指个体在做出决策时，容易受到第一印象或第一信息支配，即把自己的思想固定在某一个点。其中典型的自我参照效应，就是我们在接触新事物的时候，最容易记住的是那些跟我们自身密切相关的，既有学习的动力，也能保持比较长时间的记忆。基于此，农民工个体对父母的职业及其相关的事务往往会产生参照效应，在认知方面具有优势记忆。农民工的信念一方面来源于其父母在培养过程中所给予的指导和教育，另一方面来源于农民工本人后天对个人、环境的认知和修订。这些因素综合形成农民工的社会地位感知，从而影响其职业决策个人目标确定，也影响自我效能和结果期待。

由此可见，社会地位感知对农民工职业代际流动有重要影响，具体如图 4 - 2 所示。

父母在子女的成长过程中，农民工个体的行为信念、规范信念和控制信念等知觉感知行为受到暗示效应和参照效应的影响，进而通过影响农民工职业决策中的个人目标、自我效能、结果期待，进而影响职业代际流动的结果。

（三） 教育人力资本传承对农民工职业代际流动的影响

根据人力资本代际传承理论，教育人力资本传承包括父母的教育人力

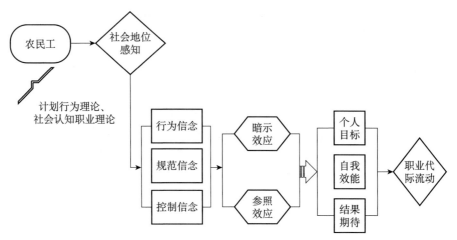

图 4 - 2　社会地位感知对农民工职业代际流动的影响

资本和子女自身教育人力资本两个组成部分。个人的职业决策的主要依据是个人的人力资本要素，即个人所具有的知识、技能状况是否与职业要求匹配。农民工的职业决策很大程度上取决于其目前所具备的人力资本现状，若其人力资本现状与父母职业更匹配则选择与父母一样的职业；反之，则会选择其他不同类型的职业。

农民工职业代际流动实际上就是农民工的职业决策行为，是选择跟父母职业一致还是相反。作为社会认知职业理论的基础，社会认知理论认为人们根据行为、个人因素和环境的三元互惠决定论获得并维持行为模式。行为、个人因素和环境相互作用、共同决定一个人的决策制定和行为模式。而根据社会认知职业理论，农民工的职业决策行为受到个人目标、自我效能、结果期待三个核心元素的影响。个人职业目标与个人的特质与职业兴趣密切相关，自我效能与过去学习的经验有关，受个体因素和背景因素所影响，结果期待关乎个体对自身和周围环境的综合评估分析而得。农民工个人会根据自身所处的实际情况，综合分析个人目标、自我效能和结果期待之间的相互关系，最终作出最能匹配个体综合情况的行为决策。

农民工的职业决策行为也是根据其成长过程中的各项积累，然后综合主客观因素之后的综合抉择。教育人力资本传承为农民工职业代际流动至少提供了以下三个通道：一是专业通道，这将直接影响农民工的职业选择。教育人力资本越高的父母可能拥有更为专业的能力引导其子女的职业之路，也会寻求到更专业的途径来对其职业进行指导。当然，也可能是专业技术的传承，也可能是专业路径的寻觅，也可能是其他各种途径的专业指导。二是信息通道，信息是决策的关键要素，拥有更高教育人力资本的父母可能有更多方法和途径获取职业决策相关信息，这在某种程度上拓宽了子女职业选择视野和范围。三是资源通道，拥有更高教育人力资本的父母可能拥有更多的社会资源，也可能拥有更多的人脉网络，这将为子女的职业选择与决策提供强大的社会支持系统。在以上三个通道的综合作用下，这为子女的职业目标选择更具科学性提供了可能和帮助，也提升了子女的自我效能感，进而优化了子女的职业结果期待。

由此可见，教育人力资本传承对农民工职业代际流动有重要的影响，具体如图 4-3 所示。

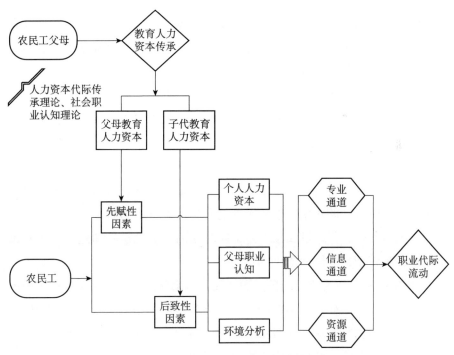

图 4-3　教育人力资本传承对农民工职业代际流动的影响

无论是父母教育人力资本，还是子女自身教育人力资本，都通过专业通道、信息通道、资源通道影响着子女的职业目标、自我效能和结果期待，进而影响到农民工的职业代际流动。

（四） 本书的研究框架

当前我国农民工职业流动极其频繁，但是职业代际流动并不容乐观，也因此产生了一系列的社会问题。也有学者研究认为，农民工的职业流动仅仅只是频繁地从一个地方到另一个地方，基本都是平行的职业转换，并没实现职业向上流动，一代又一代农民工仍然从事着最简单的职业工种，承受着较差的工作环境。尽管科技的发展和机器的运用让他们摆脱了部分繁重的体力劳动，可是其工作环境仍然比较恶劣。那么，到底是什么原因让他们一直未能实现显著的职业代际流动与改善呢？

根据前面的分析，父母教育人力资本传承影响农民工社会地位的感知，父母教育人力资本和子女自身的教育人力资本都将影响农民工地位的获取与感知。农民工在我们整个社会劳动力群体中，相对来说就属于教育程度比较偏低的群体，其父母更是教育程度偏低的群体，由此导致这种教育人力资本传承也是偏弱的，由此带来农民工社会地位感知偏低，进而带来农民工职业代际流动改善速度较慢。

与此同时，农民工是我国劳动力市场的主力军，数量庞大，其"非稀缺性"直接导致了其社会地位并不高。这也导致农民工对自身的社会地位感知比较低，也就是对自身的价值认可有限。这种认识会导致农民工这个群体社会地位感知偏低，而社会地位感知在教育人力资本传承对农民工职业代际流动的过程中起着中介作用，于是不难想象教育人力资本传承对农民工职业代际流动的作用效果。无论是父母的教育人力资本，还是子女自身教育人力资本，都通过农民工在不同时期的社会地位感知进而影响农民工职业代际流动，具体如图4-4所示。

从图4-4可以看出，农民工职业代际流动状况最终取决于农民工个体的职业决策。按照社会认知理论，这个决策实际上是对个人、行为、环境的综合评估而进行选择。根据社会职业认知理论，这个选择过程受到了个人目标、自我效能、结果期待的相互作用和相互影响。而这个相互作用和影响经历了从心理选择到行为选择的阶段，农民工个体的知觉控制信念所引发的社会地位感知在其中发挥了重要的作用。这种社会地位感知根源于两大类要素，一是根源于其家庭经济、职业背景、学习氛围等先赋性因素；二是根源于农民工本人的知识储备、技能掌握、人脉资源等后致性因

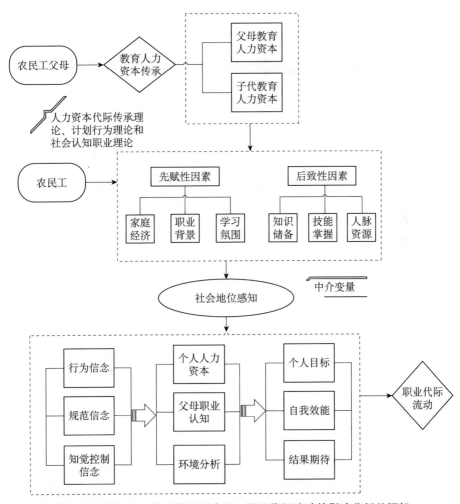

图4-4 教育人力资本传承对农民工职业代际流动的影响分析总框架

素。而农民工的先赋性因素和后致性因素可能来源于教育人力资本传承，包括父母所具备的教育人力资本、子女自身的教育人力资本等。

第五章 实证模型设计与数据来源分析

一、实证模型选择

在通过对农民工职业发展文献分析的基础上，运用人力资本代际传承等相关理论基础，构建了教育人力资本传承影响农民工职业代际流动的理论分析框架，接下来将采用实证模型对这一理论分析框架进行验证。

本书运用规范研究和实证研究相结合，定性分析与定量分析，系统分析与个案分析相结合的方法进行综合研究。在研究步骤上，紧密结合管理学、经济学研究范式，即从文献收集与整理—提出理论假说—验证假说—结论和政策含义的步骤逐步推进。针对不同的研究内容将采用不同的研究方法，在实证研究中主要涉及的计量模型有工具变量法和中介效应模型。

（一） 教育人力资本传承对农民工社会地位感知影响的实证模型

1. 实证策略。本部分主要采用 CLDS 2018 年数据形成的截面数据来探讨教育人力资本传承对农民工社会地位感知的影响。由于因变量是二元虚拟变量，故采取 Probit 模型来进行实证分析。具体模型设定如下：

$$OHP_i = \alpha_0 + \alpha_1 HCIT_i + \alpha_2 X_i + \varepsilon_i \qquad (5-1)$$

其中，i 表示农民工；OHP_i 表示农民工 i 的社会地位感知情况；$HCIT_i$ 表示农民工 i 的教育人力资本传承情况（包括农民工父母受教育程度以及自身受教育程度）；X_i 表示控制变量（包括个体特征变量、父母特征变量、家庭特征变量以及村庄特征变量）；α_0，α_1，α_2 表示待估参数；ε_i 表示随机误差项。

在分析教育人力资本传承对农民工社会地位感知影响中，可能因选择性偏误或反向因果等原因导致内生性问题的存在，故采用工具变量法进行系数估计。根据工具变量选择的相关条件，选取"所在社区其他父母平均受教育程度"以及"最近一所小学的距离"为工具变量进行验证分析。"所在社区其他父母平均受教育程度""最近一所小学的距离"直接影响父母和农民工的受教育程度，但与农民工社会地位感知无关，因此，满足工具变量的外生性规定。

2. 稳健性问题。为了验证结果的稳健性，本部分采用更换数据的方法进行稳健性检验。我们运用 CLDS 2018 年的数据对教育人力资本传承对农民工社会地位感知进行了分析，倘若这一结果是稳健的，那么我们将数据进行更换应该也可以得到同样的结论。因此，我们采用 CLDS 2014 年的数据，来再次验证研究结论的一致性。

（二）教育人力资本传承对农民工职业代际流动影响的实证模型

1. 实证策略。本部分主要采用 CLDS 2018 年数据形成的截面数据来探讨教育人力资本传承对农民工职业代际流动的影响。由于因变量是二元虚拟变量，故采用 Probit 模型来进行实证分析。具体模型设定如下：

$$Y_i = \beta_0 + \beta_1 HCIT_i + \beta_2 X_i + \varepsilon_i^* \qquad (5-2)$$

其中，i 表示农民工；Y_i 表示农民工 i 职业代际流动情况；$HCIT_i$ 表示农民工 i 的教育人力资本传承情况；X_i 表示控制变量（包括个体特征变量、父母特征变量、家庭特征变量以及村庄特征变量）；β_0，β_1，β_2 表示待估参数；ε_i^* 表示随机误差项。

然后用工具变量法进行系数估计，根据工具变量选择的相关条件，选取"所在社区其他父母平均受教育程度"以及"最近一所中学的距离"为工具变量进行验证分析。"所在社区其他父母平均受教育程度""最近一所中学的距离"从某种程度上来说反映了教育资源的可获得性，故与父母受教育程度相关；而这一变量与职业代际流动不相关，按照工具变量选择的外生性规定，完全符合作为工具变量的条件。

2. 稳健性问题。在分析教育人力资本传承对农民工职业代际流动影响中，可能因选择性偏误或反向因果等原因导致内生性问题的存在，可能会导致研究结果的不一致。基于此，本部分将使用两个方法进行稳健性检验：第一，更换因变量，在教育人力资本传承对农民工职业代际流动影响的基准回归中，因变量使用的是严格意义上的职业代际流动。如果教育人力资本传承对农民工职业代际流动的影响是稳健的，那么使用相对意义上的职业代际流动也应该能得到检验。因此，本部分更换因变量来对教育人力资本传承与农民工职业代际流动两者的关系进行稳健性检验。第二，更换数据，采用 CLDS 2014 年的数据，来再次验证研究结论的一致性。

（三）中介变量下的教育人力资本传承对农民工职业代际流动影响实证模型

本部分以农民工社会地位感知为中介变量，采用中介效应模型来探讨教育人力资本传承对农民工职业代际流动的影响。在综合式（5-1）、式（5-2）基础上，构建中介效应模型，具体模型设定如下：

$$Y_i = \delta_0 + \delta_1 HCIT_i + \delta_2 OHP_i + \delta_3 X_i + \varepsilon_i^{**} \qquad (5-3)$$

其中，i 表示农民工；Y_i 表示农民工 i 职业代际流动情况；$HCIT_{it}$ 表示农民工 i 的教育人力资本传承情况；OHP_i 表示农民工 i 的社会地位感知情况；X_i 表示控制变量（包括个体特征变量、父母特征变量、家庭特征变量以及村庄特征变量）；δ_0，δ_1，δ_2，δ_3 表示待估参数；ε_i^{**} 表示随机误差项。其中，式（5-1）表示教育人力资本传承对农民工社会地位感知这一中间传导机制的影响效应；式（5-2）表示教育人力资本传承对农民工职业代际流动影响的总效应；式（5-3）的系数 δ_2 表示中间传导机制对农民工职业代际流动的直接效应。将式（5-1）代入式（5-3）可以进一步得到中间传导机制的中介效应 δ2α1，即教育人力资本传承通过社会地位感知这一中间传导机制对农民工职业代际流动所产生的影响作用。

二、数据来源与样本选择

本书主要使用 2018 年来自中山大学社会科学调查中心开展的 CLDS 数据库，通过提取所需数据进行实证分析。CLDS 聚焦于中国劳动力的现状与变迁，内容涵盖教育、工作、迁移、社会参与等众多研究议题，是一项跨学科的大型追踪调查。同时，为了保证样本的全国代表性，CLDS 的样本覆盖了中国除港澳台、西藏、海南外的其他各个省份，调查对象为样本家庭中的全部劳动力。同时，CLDS 数据库中包含的丰富信息有助于深入分析和研究教育人力资本传承对农民工职业代际流动的影响机理。

2018 年 CLDS 调查中，涵盖 28 个省份，共有 16 537 个样本。本书在研究对象的选择上遵循以下几个原则：（1）分析对象为农民工，根据本书研究需要，借鉴卢海阳等（2019）的研究，以"是否为农业户口"和"在过去的一年是否从事非农就业"为筛选农民工样本依据；（2）考虑到我国农民工实际工作年龄，删除调查时年龄小于 16 岁，大于 70 岁的样本。最后形成有效样本，共计 7 921 个样本，其中男性 3 598 人，女性 4 323 人，包含了 20 世纪 60~90 年代各个不同历史时期的农民工群体。

三、变量的选择和说明

（一） 教育人力资本传承对农民工社会地位感知的影响

1. 因变量。根据前面的概念界定与本书的研究问题，在探讨教育人力资本传承对农民工社会地位感知的影响时，因变量为"农民工社会地位感知"，主要指农民工对 14 岁时家庭社会地位以及目前社会地位评价两个层面来分析。当分析父母受教育程度对农民工社会地位感知的影响时，为了控制内生性问题，选取其对 14 岁时家庭社会地位的评价；而分析本身受教育程度对社会地位感知的影响时，就选取农民工对当前社会地位的评价。上述变量均可通过 2018 年 CLDS 数据库编码为 I7.10.1（您认为自己目前在哪个等级）、I7.10.4（您认为在您 14 岁时，您的家庭处在哪个等级）中系列问题调查结果经过处理获得。

2. 关键自变量。根据贝克尔（Becker）对教育人力资本传承的界定和本书的研究问题，此部分主要探讨教育人力资本传承对农民工社会地位感知的影响。故关键自变量界定为"教育人力资本传承"，主要从其父母教育人力资本与农民工自身教育人力资本两个层面来分析。由于父母对子女的影响通常都是综合作用结果，根据学术界通用做法，其父母教育人力资本根据父亲和母亲受教育年限取平均受教育年限；农民工自身教育人力资本也转换为受教育年限。上述变量均可通过 CLDS 数据库相关问题的调查结果来获取。

3. 控制变量。影响农民工社会地位感知的因素很多，根据前人研究成果、本书研究目的及 CLDS 数据库中相关变量的可获取性，本书选取的控制变量主要有农民工个人特征变量、父母相关特征变量以及家庭社区相关特征变量。

第一，农民工社会经济特征变量。主要包括性别、年龄、婚姻状况、教育培训、健康状况、社会网络数、收入状况以及自有住房情况。因父母受教育程度与农民工自身受教育程度对其社会地位感知的影响不同，基于此，在分析回归时控制变量的选取上会稍有变化。此部分相关数据主要通过对 CLDS 调查问卷的结果处理获得。

第二，父母基本社会经济特征变量。主要包括农民工父母的政治身份，具体指父母双方是否为党员。根据以往文献，父母拥有政治身份一般代表着较高的社会经济地位，对子女初期所形成的社会地位感知影响会比较明显。此部分相关数据主要通过对 CLDS 调查问卷的结果处理获得。

第三，农民工家庭所处区域。为了体现东、中、西部的影响效应差异，将农民工户籍所在地划分为东、中、西部，本书通过设置地区虚拟变量来探索区域差异对教育人力资本传承对农民工社会地位感知的影响。教育人力资本传承对农民工社会地位感知的影响相关变量的具体含义及相关说明见表 5-1。

表5-1   教育人力资本传承对农民工社会地位感知影响的相关变量含义及说明

变量类型	变量名	变量含义及说明
因变量	14 岁社会地位感知	14 岁社会地位感知（均值 4 及以上为 1，4 以下为 0）
	目前社会地位感知	目前社会地位感知（均值 5 及以上为 1，5 以下为 0）
关键自变量	父母受教育程度	父母平均受教育年数（年）
	农民工受教育程度	农民工受教育年数（年）
控制变量	年龄	农民工年龄（岁）
	性别	农民工性别（1 = 女儿，0 = 儿子）
	婚姻	农民工婚姻状况（1 = 已婚，0 = 其他）
	技能水平	农民工是否参加过技能培训（1 为是，0 为否）
	身体健康	农民工自评身体健康（1 = 健康，0 = 不健康）
	心理健康	农民工抑郁指数（数值越大越抑郁）
	社会网络	农民工常联系的社会网络数（个）
	家庭收入	父母家庭收入（元）
	自有住房	是否拥有自主产权住房（是 1，否 0）
	父亲政治面貌	父亲是否党员（是 1，否 0）
	母亲政治面貌	母亲是否党员（是 1，否 0）
	东部地区	东部（1 = 东部，0 = 其他）
	中部地区	中部（1 = 中部，0 = 其他）

（二）教育人力资本传承对农民工职业代际流动的影响

1. 因变量。根据本书的研究问题，在探讨教育人力资本传承对农民工职业代际流动的影响时，因变量界定为"农民工职业代际流动"，主要指农民工职业层级与父母职能层级的对比：第一种是严格意义上的职业代际流动，若农民工职业层级同时高于父母双方所在职业层级时，则视为严格意义上的农民工职业发生了代际向上流动；否则，认为农民工职业发生了代际向下流动。第二种是相对意义上的职业代际流动。若相对于父母任一方职业层级，农民工职业层级有提升，则认为农民工职业发生了代际向上流动；否则，认为农民工职业发生了代际向下流动。本书未作特别说明的地方均是指第一种严格意义上的职业代际流动。该变量在 CLDS 2018 年数据库中主要通过编码为 I3a_7code、I4a_2_1code、I4a_3_1code、I4a_4_1code、I1_27_w16、I1_29_w16 中系列问题调查结果经过处理获得。

2. 关键自变量。根据本书的研究问题，此部分主要探讨教育人力资本传承对农民工职业代际流动的影响。故关键自变量界定为"教育人力资本传承"，主要从其父母教育人力资本与农民工自身教育人力资本两个层面来分析。根据学术界通用做法，父母教育人力资本根据受教育年数取父亲和母亲平均受教育年限；农民工自身教育人力资本也转换为受教育年限。相关变量的信息获取渠道、处理方式与前文一致。

3. 控制变量。影响农民工职业代际流动的因素很多，根据前人研究成果、本书的研究目的及 CLDS 数据库中相关变量的可获取性，本书选取的控制变量主要分为农民工个体特征变量、父母相关特征变量以及家庭社区相关特征变量等方面。

第一，农民工社会经济特征变量。主要包括性别、年龄、婚姻状况、教育培训、健康状况、社会网络数、收入情况以及自有住房情况。因父母受教育程度与农民工自身受教育程度对其职业代际流动的影响不同，因此在分析回归时，控制变量的选取上会稍有变化。此部分相关数据主要通过对 CLDS 调查问卷的结果处理获得。

第二，父母基本社会经济特征变量。主要包括农民工父母的政治身份，具体指父母双方是否为党员。根据文献分析发现，父母拥有政治身份一般其职业层次相对较高，对农民工职业代际流动将产生更为显著的影响。此部分相关数据主要通过对 CLDS 调查问卷的结果处理获得。

第三，农民工家庭所处区域。为了体现东、中、西部的影响效应差异，设置地区虚拟变量来反映区域差异对教育人力资本传承对农民工职业代际流动的影响。具体而言，将农民工户籍所在地（即所在省、自治区、直辖市）划分为东、中、西部。教育人力资本传承对农民工职业代际流动的影响相关变量的具体含义及相关说明见表 5－2。

表 5－2　教育人力资本传承对农民工职业代际流动的影响相关变量的含义及说明

变量类型	变量名	变量含义及说明
因变量	职业代际流动	农民工职业代际流动（1 = 向上流动，0 = 平行或向下流动）
关键自变量	父母受教育程度	父母平均受教育年数（年）
	农民工受教育程度	农民工受教育年数（年）
控制变量	年龄	农民工年龄（岁）
	性别	农民工性别（1 = 女儿，0 = 儿子）
	婚姻	农民工婚姻状况（1 = 已婚，0 = 其他）
	技能水平	农民工是否参加过技能培训（1 为是，0 为否）
	兄弟姐妹数量	农民工兄弟姐妹数量
	居住变迁	农民工 14 岁之前是否发生居住地变迁经历（1 是，0 否）
	身体健康	农民工自评身体健康（1 = 健康，0 = 不健康）
	心理健康	农民工抑郁指数（数值越大越抑郁）
	社会网络	农民工常联系的社会网络数（个）
	务工收入	农民工工资收入（元）
	自有住房	是否拥有自主产权住房（是 1，否 0）
	家庭收入	父母家庭收入（元）
	父亲政治面貌	父亲是否党员（是 1，否 0）
	母亲政治面貌	母亲是否党员（是 1，否 0）
	东部地区	东部（1 = 东部，0 = 其他）
	中部地区	中部（1 = 中部，0 = 其他）

（三）　基于中介变量的教育人力资本传承对农民工职业代际流动影响

1. 因变量。根据本书的研究问题，此部分主要探讨教育人力资本传承对农民工职业代际流动影响的作用机理，因此，该部分的主要因变量界定跟前一部分相同，即农民工职业代际流动，将农民工相对于父母双方的职业层次的提升界定为职业代际向上流动，否则为职业代际向下流动。

2. 自变量。根据本书的研究问题，此部分关键自变量与前一部分相同，教育人力资本传承，主要分为：父母平均受教育年限、农民工受教育年限等两个层面。

3. 中介变量。在此部分，本书将通过验证中介变量——农民工社会地位感知的中介作用，揭示教育人力资本传承对农民工职业代际流动影响的作用机理。因此，本书将中介变量界定为"农民工社会地位感知"，主要指农民工对家庭所在社会地位的评价，分为"14 岁时家庭社会地位评价"以及"当前社会地位评价"。

4. 控制变量。根据研究问题，本部分控制变量与前面研究教育人力资本传承对农民工职业代际流动的影响部分相同，故不再赘述。基于中介变量的教育人力资本传承对农民工职业代际流动影响机理分析相关变量的具体含义及说明见表 5－3。

表 5－3　　　　　　基于中介变量分析的变量含义及说明

变量类型	变量名	变量含义及说明
因变量	职业代际流动	农民工职业代际流动（1＝向上流动，0＝平行或向下流动）
关键自变量	父母受教育程度	父母平均受教育年数（年）
	农民工受教育程度	农民工受教育年数（年）
	14 岁社会地位感知	14 岁社会地位感知（均值 4 及以上为 1，4 以下为 0）
	目前社会地位感知	目前社会地位感知（均值 5 及以上为 1，5 以下为 0）
控制变量	年龄	农民工年龄（岁）
	性别	农民工性别（1＝女儿，0＝儿子）
	婚姻	农民工婚姻状况（1＝已婚，0＝其他）
	技能水平	农民工是否参加过技能培训（1 为是，0 为否）
	居住变迁	农民工 14 岁之前是否发生居住地变迁经历（1 是，0 否）
	身体健康	农民工自评身体健康（1＝健康，0＝不健康）
	心理健康	农民工抑郁指数（数值越大越抑郁）
	社会网络	农民工常联系的社会网络数（个）

变量类型	变量名	变量含义及说明
	务工收入	农民工个体工资收入（元）
	自有住房	是否拥有自主产权住房（是1，否0）
	兄弟姐妹数量	农民工兄弟姐妹数量
	家庭收入	父母家庭收入（元）
	父亲政治面貌	父亲是否党员（是1，否0）
	母亲政治面貌	母亲是否党员（是1，否0）
	东部地区	东部（1＝东部，0＝其他）
	中部地区	中部（1＝中部，0＝其他）

第六章　教育人力资本传承对农民工社会地位感知影响的实证研究

一、样本描述性统计分析

根据研究需要，对 CLDS 2018 年的调查数据进行整理，在本章的分析中，总样本数共计 7 921 个。

（一）农民工社会地位感知情况

表 6-1 汇报了农民工 14 岁时家庭社会地位感知基本情况。CLDS 调查问卷中将社会层次从最顶层到最底层一共分成 10 个等级，10 分代表最顶层，1 分代表最底层。通过分析可知，样本总体均值为 4 分左右，可见农民工群体原生家庭情况相对较为一般，甚至较差。按总体样本均值进行划分，将等于或大于 4 分定义为高社会地位感知，低于 4 分定义为低社会地位感知。从表 6-1 中可以得知，样本中有超过半数的农民工对 14 岁时家庭社会地位评价处于较低水平。

表 6-1　　　　　　　　农民工 14 岁时社会地位感知基本情况

14 岁社会地位感知	频次（人次）	比重（%）
地位等级 ≥4	3 814	48.22
地位等级 <4	4 096	51.78
合计	7 910	100.00

资料来源：根据 CLDS 2018 年计算整理。

表 6-2 汇报了农民工当前家庭社会地位感知情况。按总样本均值来看，农民工对目前社会地位评分为 5 分左右，比 14 岁时家庭社会地位评分要高一些。按总体样本均值进行划分，将等于或大于 5 分定义为高社会地位感知，低于 4 分定义为低社会地位感知。从表 6-2 中可以得知，有超过 59.38% 的农民工目前社会地位评价为高水平，只有 40.62% 的评价为低水平，相对于 14 岁时家庭社会地位感知有显著增强。

表 6 – 2 农民工目前社会地位感知基本情况

目前社会地位感知	频次（人次）	比重（%）
地位等级≥5	4 697	59.38
地位等级＜5	3 213	40.62
合计	7 910	100.00

资料来源：根据 CLDS 2018 年计算整理。

（二）教育人力资本传承情况

由于本章关注的是教育人力资本传承对农民工社会地位感知将产生何种变化。根据前面理论框架分析可知，教育人力资本传承分为父母受教育程度和子女自身受教育程度两个部分。

在父母受教育程度方面，由于研究主体为农民工群体，父母作为同一家庭成员，在很多方面信息是无法完全分离的，故本研究中参照学术界通用做法取父母受教育程度平均值来代表农民工父母教育人力资本情况，相对来说更具代表性和客观性。从表 6 – 3 可以得知，农民工父母文盲样本数为 2 220 个，文盲率为 37.81%；未读完小学但能读写的父母占 20.49%，样本数为 1 203 个；小学文化程度有 1 390 个样本，初中文化的样本有 847 个，高中及以上文化程度仅有 212 个样本。其中，农民工父母平均受教育程度在小学及以下文化程度的样本所占比重较大，共占 81.96%；而高中及以上文化程度仅占 3.61%。因此，从 CLDS 调查数据可显示，农民工群体父母平均受教育程度普遍偏低，仅有 18.04% 样本受教育程度在初中及以上水平，其本身可用于传承的资本相对薄弱。

表 6 – 3 农民工父母受教育程度情况

父母受教育程度	受教育年数	频次（人次）	比重（%）
文盲	0	2 220	37.81
小学未读完但能读写	3	979	16 67
	4.5	224	3.82
小学	6	1 390	23.67
初中	7.5	366	6.23
	8	6	0.10
	9	475	8.09

父母受教育程度	受教育年数	频次（人次）	比重（%）
	10.5	97	1.65
	11	6	0.10
	12	86	1.47
	12.5	5	0.09
高中及以上	13.5	4	0.07
	14	1	0.02
	15	2	0.03
	15.5	2	0.03
	16	9	0.15
合计		5 872	100.00

资料来源：根据 CLDS 2018 年计算整理。

在农民工受教育程度方面，截至调查年份，尚有 780 人，约占 9.89% 的农民工受教育程度为文盲；而小学文化受教育程度占比 23.68%，有 1 867 人；初中文化程度样本规模最大，约占 37.63%，有 2 967 人；随着受教育程度提升，所占比例和人数逐渐降低。通过表 6 - 4 可知，农民工处于初中及以下文化程度的比例为 71.2%，而高中及以上文化程度占比为 28.8%。相比于父辈来说，农民工文化程度有显著提高，这得益于经济发展以及父母对农民工教育人力资本投资。但总体来看，我国农民工受教育程度相对较低，高中及以下文化受教育程度占比高达 88.18%，这个数据与我国统计局每年公布的农民工监测调查数据一致，较低受教育程度会约束其职业选择和社会认知，其对社会地位的感知应该会有深刻影响，相关效应有待进一步验证。

表 6 - 4　　　　　　　　　农民工受教育程度情况

农民工受教育程度	受教育年数	频次（人次）	比重（%）
文盲	0	780	9.89
小学	6	1 867	23.68
初中	9	2 967	37.63
高中	12	1 339	16.98
大专	15	483	6.13

农民工受教育程度	受教育年数	频次（人次）	比重（%）
本科及以上	16	423	5.36
	19	22	0.28
	22	4	0.05
合计		7 885	100.00

资料来源：根据 CLDS 2018 年计算整理。

（三） 农民工特征分析

1. 农民工年龄情况。表 6 - 5 汇报了样本调查时农民工年龄分布情况。从表中可以得知，低于 23 岁，即属于"95 后"的占比相对较低，仅占 10.65%，有 843 人；24 ~ 35 岁，大约属于"80 后"的农民工占比 21.53%，有 1705 个样本；36 ~ 45 岁，即"70 后"出生的人群有 1 638 个，占比 20.67%；而 46 ~ 59 岁，即"60 后"出生的人群占比最高，约为 36.59%，有 2 899 个样本；而 60 岁以上的农民工仍占比 10.56%。总体来看，我国农民工群体年龄逐步偏大，而青年人从事农民工的比例逐步降低，这在一定程度上说明，农村青年人职业选择空间逐渐增加，至于是否会影响其社会地位感知，有待后面进一步检验。

表 6 - 5　　　　　　　　　农民工年龄分布情况

农民工年龄	频次（人次）	比重（%）
16 ~ 23 岁	843	10.65
24 ~ 35 岁	1 705	21.53
36 ~ 45 岁	1 638	20.67
46 ~ 59 岁	2 899	36.59
60 岁及以上	836	10.56
合计	7 910	100.00

资料来源：根据 CLDS 2018 年计算整理。

2. 农民工性别情况。表 6 - 6 汇报了农民工性别分布情况。从表中可以得知，男性农民工占比 45.42%，样本量为 3 598 个；女性农民工占比 54.58%，有 4 323 个样本。在传统意识中，男性农民工占有绝对的分量，但随着女性社会地位的提升以及工作条件的改善，女性农民工的数量稳步提升。女性农民工的增长是否会影响对社会地位感知的认识有待进一步验证。

表6-6　　　　　　　　　　农民工性别分布情况

性别	频次（人次）	比重（%）
男性	3 598	45.42
女性	4 323	54.58
合计	7 921	100.00

资料来源：根据 CLDS 2018 年计算整理。

3. 农民工婚姻状况。表6-7报告了农民工婚姻状况。从表中可以得知，超过80%的农民工处于已婚状态，仅有15%左右的未婚或其他婚姻状况。这在一定程度上反映了农民工的"养家糊口"压力较大，婚姻状况是否会显著影响其社会地位感知，有待后面进一步验证。

表6-7　　　　　　　　　　农民工婚姻状况

婚姻状况	频次（人次）	比重（%）
已婚	6 658	84.06
其他	1 263	15.94
合计	7 921	100.00

资料来源：根据 CLDS 2018 年计算整理。

4. 农民工技能水平。表6-8汇报了农民工技能水平状况。表中数据显示，有82.97%的农民工未参加过技能培训，仅有17.03%的农民工有参加过技能培训。上述数据充分表明，当前农民工多数处于低技能状况，主要依靠从事体力劳动性工作赚取经济收入。因此，多数农民工也处于社会最底层，其对社会地位感知也就相对偏低。

表6-8　　　　　　　　　　农民工技能水平状况

技能水平	频次（人次）	比重（%）
参加过技能培训	1 347	17.03
未参加技能培训	6 561	82.97
合计	7 908	100.00

资料来源：根据 CLDS 2018 年计算整理。

5. 农民工健康情况。健康是就业和发展的基础，对主要从事体力劳动的农民工尤其重要。表6-9、表6-10报告了农民工健康状况。表6-9主要反映农民工身体健康状况，从表中数据可知，有超过62%的农民工自评身体健康状况良好，但仍有 37.76% 的农民工自评身体健康较差。这充分说明，由于家庭压力、社会压力较大，仍有很多农民工带病就业。农民工身体健康状况直接影响其收入情况，也会影响其社会地位的认识和评价，至于是否显著，有待进一步检验。

表 6-10 主要报告了农民工心理健康状况，从表中可知，有超过 92.05% 农民工心理状况较好，平时基本没有或很少感到情绪低落；但仍有接近 8% 的农民工心理健康较差，时常情绪低落。农民工心理健康状况直接影响其对自我和社会的认知，至于对社会地位感知的影响是否显著，有待后面的进一步检验。

表 6-9 　　　　　　　　　农民工身体健康状况

自评身体健康状况	频次（人次）	比重（%）
健康	4 922	62.24
不健康	2 986	37.76
合计	7 908	100.00

资料来源：根据 CLDS 2018 年计算整理。

表 6-10 　　　　　　　　　农民工心理健康状况

感到情绪低落/周	频次（人次）	比重（%）
没有/基本没有（少于 1 天）	2 214	28.00
少有（1~2 天）	5 063	64.05
常有（3~4 天）	568	7.17
几乎一直有（5~7 天）	61	0.78
合计	7 906	100.00

资料来源：根据 CLDS 2018 年计算整理。

6. 农民工社会网络情况。社会网络情况反映了农民工社会连接情况，也反映了农民工社会资源拥有情况，直接影响其对社会地位的感知。表 6-11 汇报了农民工社会网络情况，按照本地可以得到支持和帮忙的朋友数量进行分类。一个朋友都没有的有 1 410 个样本，占比 18.33%；1~5 个朋友的农民工占 37.79%，有 2 907 个样本；6~10 个朋友的有 1 774 个样本，占比 23.06%；拥有 10 人以上朋友的农民工仅有 1 602 个样本，占比 20.82%。从上述数据可知，有接近 80% 的农民工在本地可以得到支持和帮助的朋友数少于 10 个，甚至有 56.12% 的农民工朋友数少于 5 个，可见农民工整体社会资本拥有量较低，与社会连接程度较低。

表 6 – 11 　　　　　　　　　　农民工社会网络情况

本地可以得到支持和帮助的朋友数	频次（人次）	比重（%）
0	1 410	18. 33
1 ~ 5	2 907	37. 79
6 ~ 10	1 774	23. 06
10 以上	1 602	20. 82
合计	7 693	100. 00

资料来源：根据 CLDS 2018 年计算整理。

（四） 农民工父母特征分析

由于研究主体为农民工群体，农民工父母作为同一家庭成员，有些信息是不可分割的，综合作用于农民工的社会地位感知。

1. 家庭收入状况。家庭收入状况是家庭社会地位高低的重要指标，家庭收入越高，其对社会地位感知的评价就会越高。表 6 – 12 汇报了农民工家庭收入状况，参照相关文献，将农民工家庭年收入从没有收入、少于 2 千元、2 千 ~ 5 千元、5 千 ~ 1 万元、1 万 ~ 2 万元、2 万 ~ 5 万元、5 万 ~ 10 万元、10 万 ~ 15 万元、15 万 ~ 20 万元、20 万 ~ 30 万元、30 万元以上 11 个等级。从表中数据可知，有 14.62% 农民工家庭收入低于 1 万元；绝大多数农民工，约 70.8% 的农民工样本家庭年收入处于 1 万 ~ 10 万元。总体来看，农民工家庭收入相对较低，其社会地位感知评价也会相对较低，至于家庭收入对社会地位感知影响效应是否显著，有待后面进一步验证。

表 6 – 12 　　　　　　　　　　农民工家庭收入状况

家庭年收入	频次（人次）	比重（%）
没有收入	164	2. 11
少于 2 千元	160	2. 06
2 千 ~ 5 千元	238	3. 07
5 千 ~ 1 万元	573	7. 38
1 万 ~ 2 万元	943	12. 15
2 万 ~ 5 万元	2 195	28. 28

家庭年收入	频次（人次）	比重（%）
5万~10万元	2 357	30.37
10万~15万元	518	6.67
15万~20万元	301	3.88
20万~30万元	180	2.32
30万元以上	133	1.71
合计	7 762	100.00

资料来源：根据CLDS 2018年计算整理。

2. 父母亲政治面貌。在广大的农村地区，父母是否为中共党员直接反映了家庭社会资本拥有量，若父母为中共党员，一般来说，或者拥有当地体制内工作，或者担任村干部，在村庄都拥有较大影响力，将会直接影响对社会地位感知的认知和评价。

表6-13汇报了农民工其父亲政治面貌情况。从表中可以得知，农民工其父亲为中共党员的有686人，仅占11.84%；而表6-14报告了农民工其母亲政治面貌情况，由表可知，其母亲为中共党员的仅有63人，占1.1%。由此可见，农民工家庭总体社会资源相对稀缺。

表6-13　　　　　　　　农民工其父亲政治面貌情况

政治面貌状况	频次（人次）	比重（%）
中共党员	686	11.84
其他	5 107	88.16
合计	5 793	100.00

资料来源：根据CLDS 2018年计算整理。

表6-14　　　　　　　　农民工其母亲政治面貌情况

政治面貌状况	频次（人次）	比重（%）
中共党员	63	1.10
其他	5 643	98.90
合计	5 706	100.00

资料来源：根据CLDS 2018年计算整理。

（五）家庭所在区域情况

表6-15汇报了农民工家庭所在区域情况。从表中可以看出，受数据

调研条件所致，东部地区样本量相对偏多，占54.65%，中部、西部地区样本量分布相当，相对较为均匀。总体来看，东、中、西部比例相当合适，代表性较好。

表 6-15   农民工家庭所在区域情况

所在区域	频次（人次）	比重（%）
东部	4 329	54.65
中部	1 698	21.44
西部	1 894	23.91
合计	7 921	100.00

资料来源：根据 CLDS 2018 年计算整理。

（六）父母受教育程度对农民工社会地位感知影响的样本描述性统计

父母受教育程度对农民工社会地位感知影响的相关变量的描述性统计结果见表 6-16。

表 6-16   父母受教育程度对农民工社会地位感知影响
变量的基本描述性统计

变量名	样本量	均值	标准差
14 岁社会地位感知	7 910	0.4822	0.4997
父母受教育程度	5 872	3.7134	3.4679
年龄	7 921	42.5294	13.4932
性别	7 921	0.4542	0.4979
婚姻	7 921	0.8406	0.3661
技能水平	7 908	0.1703	0.3759
农民工受教育程度	7 885	8.6864	4.0957
心理健康	7 906	27.3342	9.2539
社会网络	7 693	14.0096	64.0058
家庭收入	7 762	72 876.9300	110 361.8000
父亲政治面貌	5 793	0.1184	0.3231
母亲政治面貌	5 706	0.0110	0.1045
东部地区	7 921	0.5465	0.4979
中部地区	7 921	0.2144	0.4104

资料来源：根据 CLDS 2018 年计算整理。

（七）农民工受教育程度对其社会地位感知影响的样本描述性统计

农民工受教育程度对其社会地位感知影响的相关变量的描述性统计结果见表6-17。

表6-17　农民工受教育程度对其社会地位感知影响变量的基本描述性统计

变量名	样本量	均值	标准差
目前社会地位感知	7 910	0.5938	0.4912
农民工受教育程度	7 885	8.6864	4.0957
年龄	7 921	42.5294	13.4932
性别	7 921	0.4542	0.4979
婚姻	7 921	0.8406	0.3661
技能水平	7 908	0.1703	0.3759
身体健康	7 908	0.6224	0.4848
社会网络	7 693	14.0096	64.0058
自有住房	7 921	0.3616	0.4805
东部地区	7 921	0.5465	0.4979
中部地区	7 921	0.2144	0.4104

资料来源：根据 CLDS 2018 年计算整理。

二、实证结果估计与分析

（一）父母受教育程度对农民工社会地位感知的影响

1. 基本结果。因为因变量"农民工社会地位感知"为二元虚拟变量，故此部分工具变量法使用的是 IVProbit 模型，选取"所在社区其他父母平均受教育程度"为工具变量。由于 Probit 模型所得到的估计系数本身并不代表自变量对因变量的边际效应，为了精准分析父母受教育程度对农民工社会地位感知的影响效应，需要对其系数进行一定转换。具体结果见表6-18，表6-18 的（1）列展示了父母平均受教育程度对农民工社会地位感知影响的模型估计结果，表6-18 的（2）列展示了父母受教育程度对农民工社会地位感知影响的边际效应。

回归方程（1）、回归方程（2）表明，父母受教育程度对农民工社会地位感知的影响为非线性关系；根据二次项系数显示，父母受教育程度与农民工社会地位感知呈现为正"U"型关系，且在5%的统计水平上显著。根据求"U"型拐点的方法，即求其一阶导数，令它等于零的点。求拐点公式为b/2a，即一次项系数/（2×二次项系数）。根据上述求拐点方法，表6-18的回归方程（1）"U"型的拐点为4.952，回归方程（2）"U"型的拐点为4.800。

表6-18　父母受教育程度对农民工社会地位感知影响的模型估计结果（1）

	（1） 14岁社会地位感知	（2） 边际效应
父母受教育程度	-0.4160* (0.2410)	-0.1440** (0.0720)
父母受教育程度的平方	0.0420** (0.0211)	0.0150** (0.0061)
年龄	-0.0150*** (0.0040)	-0.0052*** (0.0011)
性别	-0.2070*** (0.0532)	-0.0716*** (0.0201)
婚姻	-0.0055 (0.1010)	-0.0019 (0.0351)
技能水平	-0.2240*** (0.0662)	-0.0774*** (0.0253)
农民工受教育程度	0.0422*** (0.0107)	0.0146*** (0.0031)
心理健康	-0.0108*** (0.0033)	-0.0037*** (0.0013)
社会网络	0.0008* (0.0004)	0.0003* (0.0002)
家庭收入	8.03e-07** (3.71e-07)	2.78e-07** (1.36e-07)
父亲政治面貌	0.2750*** (0.0767)	0.0952*** (0.0283)
母亲政治面貌	-0.3160 (0.3230)	-0.1100 (0.1060)
东部地区	0.3470*** (0.0698)	0.1200*** (0.0293)

续表

	（1） 14 岁社会地位感知	（2） 边际效应
中部地区	0. 3980 ***	0. 1380 ***
	(0. 1200)	(0. 0504)
Constant	0. 7890	
	(0. 5300)	
Log likelihood	- 5 690. 5492	
Wald chi2 （14）	288. 9600	
Prob > chi2	0. 0000	
样本量	2 566	2 566

注： *** 、 ** 、 * 分别表示在 1% 、 5% 和 10% 的显著性水平，括号中数字代表标准误。

因此，根据表 6 - 18 中回归方程（1）、回归方程（2）显示，父母受教育程度对农民工社会地位感知的影响在父母小学毕业前后出现拐点：父母在小学及以下受教育程度时，父母受教育程度对农民工社会地位感知的影响为负，随着父母受教育程度的提升，农民工对社会地位感知逐渐降低；当父母在初中及以上受教育程度时，父母受教育程度对农民工社会地位感知的影响为正，随着父母受教育程度的提升，农民工对社会地位感知逐渐提升。社会地位感知是一个比较复杂的概念，与个体认知水平和所处环境紧密相连。在 20 世纪七八十年代，有些未曾受过任何教育的父母带着孩子出外谋生，一生处于相对简单的生活也能形成较为单纯朴实的社会地位感知。而倘若有机会获得几年教育但又不是十分充足，其认知水平得以提升，可改善周边环境的能力并不具备，可能此时随着父母受教育程度的提升反而会让其子女社会地位感知下降。只有在父母受教育程度至少小学毕业，进入初中教育阶段的时候，一方面随着父母受教育程度的提升而让其子女认知水平随着提升；另一方面由于受教育程度持续得以提升，他们改善周边环境的能力也更强了，从而逐渐呈现出农民工社会地位感知随着父母受教育程度的提升而稳步提升。更为重要的是，社会地位感知作为一个心理方面的感受，当父母受教育程度低而在社会上获得较少发展机会、获得较低收入及卑微社会地位时，给子女形成了寒门环境，当与周边较优越的环境形成鲜明对比时，产生的地位感知影响力越大；反之，当父母因教育人力资本获得较高的社会地位与经济收入时，与周围环境差异较小时，产生的地位感知影响力越小。除此之外，我国数千万留守儿童现状极大地削弱了农民工父母对子女的影响力，这在某种程度上会导致父母受教育程度对农民工社会地位感知的影响规律更为复杂。

对于控制变量，可以看到，农民工年龄对社会地位感知的影响显著为负。根据边际效应分析结果显示，在其他因素保持不变的前提下，农民工年龄每增加一岁，其对社会地位感知评价就会降低 0.52%。之所以出现上述结果，笔者认为主要是随着年龄的增加，农民工对社会认识越发深刻和全面，承担的生活压力也会越大，社会地位感知评价越低。从农民工性别来看，农民工性别对社会地位感知的影响显著为负，且在 1% 的统计水平上显著。根据边际效应计算结果显示，在其他条件保持不变前提下，相对于女性农民工而言，男性农民工对社会地位感知的概率降低 7.16%。之所以出现上述结果，主要是受到中国社会传统的影响，相对于女性，男性承担更多的社会责任，其对社会地位的感知相对就偏低一些。从农民工技能培训经历来看，在其他因素不变的情况下，农民工接受过教育培训经历对社会地位感知的评价越低，从边际效应结果来看，假定其他变量保持不变，相对于没有接受过技能培训的农民工，接受过技能培训的农民工，其对社会地位感知评价就降低 7.74%。从农民工受教育程度来看，在其他条件不变的前提下，农民工受教育程度越高，其对社会地位感知的评价就越高，从边际效应结果来看，在其他因素保持不变的情况下，成年子女受教育年数每增加一年，其对社会地位感知的评价就提高 1.46%。农民工精神健康情况与社会地位感知评价存在显著的负向关系，且在 1% 的统计水平上显著。从边际效应计算结果来看，当其他条件保持不变时，抑郁指数每提高一个等级，其对社会地位感知的评价就降低 0.37%。之所以出现上述结果，主要是社会地位感知评价本身即为主观评价，当调查对象抑郁程度较高时，其负面情绪较多，对社会地位感知评价也偏向消极。

此外，农民工社会网络数量显著影响社会地位感知评价，从边际效应结果来看，社会网络数每增加一个，农民工社会地位感知评价就提升 0.03%。农民工收入水平显著影响社会地位感知评价，且在 10% 的统计水平上显著为正。父亲是否是党员对农民工社会地位感知评价具有显著的正向影响，且在 1% 的统计水平上显著。从边际效应结果来看，在其他因素保持不变的情况下，相对于父亲不是党员，父亲是党员的农民工，其社会地位感知评价提升9.52%。

基于区域差异，相对于西部地区而言，东部、中部地区农民工社会地位感知评价显著为正。从边际效应计算结果来看，相对于西部地区，东部地区农民工社会地位感知评价提升12%、中部地区农民工社会地位感知评价提高13.8%。归其原因，主要是东部、中部地区经济发展水平较高，家庭可支配收入较高，相对于西部地区来说，其社会地位感知相对偏好一些。对于其他控制变量，如农民工婚姻状况、母亲是否是党员等回归系数为负，说明对农民工社会地位感知评价的提升起到一定的制约，但在统计上均不显著。

2. 稳健性检验。在父母受教育程度对农民工社会地位感知影响的基准回归中，采用CLDS 2018年调研数据，使用工具变量法进行回归，结果发现，父母受教育程度对农民工社会地位感知影响呈现正"U"型关系。如果父母受教育程度对农民工社会地位感知的影响是稳健的，那么使用其他年份的调研数据也应该能得到检验。因此，本书将采用CLDS 2014年数据，使用工具变量法来对父母受教育程度与农民工社会地位感知两者的关系进行稳健性检验。

从表6-19中可以看出，无论是回归方程（1）还是回归方程（2），二次项系数均表明父母受教育程度与农民工社会地位感知为非线性关系，呈现正"U"型关系，且在1%的统计水平上显著。根据求"U"型拐点的方法，即求其一阶导数，令它等于零的点。求拐点公式为b/2a，即一次项系数/（2×二次项系数）。根据上述求拐点方法，表6-19的回归方程（1）"U"型的拐点为5.18，回归方程（2）"U"型的拐点为5.30。上述结果表明，换成CLDS数据库2014年数据，父母受教育程度对农民工社会地位感知影响在父母小学毕业前后出现拐点，这充分说明，父母受教育程度对农民工社会地位感知的影响是稳健的。

表6-19　父母受教育程度对农民工社会地位感知影响的模型估计结果（2）

	（1） 14岁社会地位感知	（2） 边际效应
父母受教育程度	-0.2900*** （0.0729）	-0.1060*** （0.0243）

续表

	（1） 14 岁社会地位感知	（2） 边际效应
父母受教育程度的平方	0.0280 ***	0.0100 ***
	（0.0065）	（0.0022）
年龄	− 0.0160 ***	− 0.0058 ***
	（0.0024）	（0.0008）
性别	− 0.1900 ***	− 0.0692 ***
	（0.0373）	（0.0139）
婚姻	0.0206	0.0075
	（0.0563）	（0.0205）
技能水平	− 0.0792 *	− 0.0289 *
	（0.0469）	（0.0171）
农民工受教育程度	0.0315 ***	0.0115 ***
	（0.0064）	（0.0023）
心理健康	− 0.1300 **	− 0.0473 **
	（0.0544）	（0.0199）
社会网络	0.0002	6.84e − 05
	（0.0004）	（0.0001）
家庭收入	2.04e − 07	7.43e − 08
	（1.35e − 07）	（4.91e − 08）
父亲政治面貌	0.1590 ***	0.0578 ***
	（0.0611）	（0.0219）
母亲政治面貌	− 0.1070	− 0.0389
	（0.1630）	（0.0593）
东部地区	0.3170 ***	0.116 ***
	（0.0480）	（0.0178）
中部地区	0.1080 *	0.0394 *
	（0.0605）	（0.0221）
Constant	0.4610 **	
	（0.1860）	
Log likelihood	− 11 620.7010	
Wald chi2 （14）	295.5000	
Prob > chi2	0.0000	
样本量	5 186	5 186

注：*** 、** 、* 分别表示在1%、5%和10%的显著性水平，括号中数字代表标准误差。

3. 异质性分析。针对不同特征的农民工、不同特征的父母与社会地位感知关系的分析将有助于细致而全面识别不同群体的差异性，进一步深入探讨父母受教育程度对农民工社会地位感知的影响，也有助于未来相关社会支持政策制定的目标对象选择。

（1）基于农民工性别的异质性效应分析。从表6-20可以看出，男性农民工样本的回归结果更加显著，估计系数更大，说明父母受教育程度对男性农民工的社会地位感知评价影响大于女性农民工。之所以出现上述结果，主要是受到中国传统男女观念的影响，父母由于受教育程度提升所增加的各类社会资源更多投向男性，从而有利于其社会地位认知和提升。

表6-20　　　　基于农民工性别异质性效应的模型估计结果

	男性		女性	
	（1）	（2）	（3）	（4）
	14岁社会地位感知	边际效应	14岁社会地位感知	边际效应
父母受教育程度	-0.3560**	-0.1250**	0.8080	0.2290
	(0.1680)	(0.0525)	(7.0050)	(1.1990)
父母受教育程度的平方	0.0378**	0.0133***	-0.0676	-0.0192
	(0.0158)	(0.0049)	(0.7150)	(0.1370)
年龄	-0.0122***	-0.0043***	0.0135	0.0038
	(0.0041)	(0.0014)	(0.3400)	(0.0832)
婚姻	-0.0545	-0.0191	-0.0609	-0.0172
	(0.1510)	(0.0529)	(0.4940)	(0.0836)
技能水平	-0.2280**	-0.0800**	0.0878	0.0249
	(0.0930)	(0.0339)	(4.6470)	(1.2320)
农民工受教育程度	0.0364***	0.0128***	-0.0405	-0.0115
	(0.0128)	(0.0043)	(0.7920)	(0.1850)
心理健康	-0.0123**	-0.0043**	-0.0040	-0.0011
	(0.0048)	(0.0017)	(0.1910)	(0.0581)
社会网络	0.0001	3.83e-05	0.0034	0.0010
	(0.0005)	(0.0002)	(0.1630)	(0.0495)
家庭收入	6.43e-07	2.26e-07	2.59e-07	7.35e-08
	(4.25e-07)	(1.51e-07)	(2.93e-05)	(8.55e-06)

续表

	男性		女性	
	（1）	（2）	（3）	（4）
	14 岁社会 地位感知	边际效应	14 岁社会 地位感知	边际效应
父亲政治面貌	0. 2670 **	0. 0937 **	0. 1100	0. 0310
	(0. 1140)	(0. 0392)	(5. 5530)	(1. 6810)
母亲政治面貌	− 0. 4040	− 0. 1420	0. 6440	0. 1820
	(0. 4110)	(0. 1420)	(3. 8500)	(0. 4680)
东部地区	0. 3340 ***	0. 1170 ***	0. 0791	0. 0224
	(0. 0940)	(0. 0339)	(7. 1070)	(2. 0920)
中部地区	0. 4110 ***	0. 1440 ***	0. 2740	0. 0777
	(0. 1240)	(0. 0461)	(8. 3180)	(2. 6250)
Constant	0. 4950		− 1. 7330	
	(0. 4260)		(12. 7500)	
Log likelihood	− 2 753. 4771		− 2 753. 4771	
Wald chi2 （13）	97. 6500		97. 6500	
Prob > chi2	0. 0000		0. 0000	
样本量	1 243	1 243	1 323	1 323

注：***、**、*分别表示在1%、5%和10%的显著性水平，括号中数字代表标准误差。

（2）基于新生代和老一代农民工的异质性效应分析。参照相关学术文献，本书将出生于1980年作为老一代和新生代农民工分界点，在2018年这一调查年份年龄等于或大于38岁界定为老一代农民工，而低于38岁界定为新生代农民工，以此判别父母受教育程度对不同时代农民工社会地位感知的影响是否存在异质性。从表6-21回归结果可知，相对于老一代农民工，父母受教育程度对新生代农民工社会地位感知影响更大，且在1%的统计水平上显著。

表6-21　　　基于新生代和老一代农民工异质性效应的模型估计结果

	老一代农民工 （≥38）		新生代农民工	
	（1）	（2）	（3）	（4）
	14 岁社会 地位感知	边际效应	14 岁社会 地位感知	边际效应
父母受教育程度	− 0. 2230	− 0. 0808	− 0. 7850 ***	− 0. 2570 ***
	(0. 4260)	(0. 1500)	(0. 2500)	(0. 0683)

续表

	老一代农民工（≥38）		新生代农民工	
	（1） 14 岁社会 地位感知	（2） 边际效应	（3） 14 岁社会 地位感知	（4） 边际效应
父母受教育程度的平方	0.0295	0.0107	0.0624***	0.0204***
	(0.0429)	(0.0149)	(0.0186)	(0.0050)
性别	−0.2640***	−0.0960***	−0.1760*	−0.0578*
	(0.0659)	(0.0226)	(0.0952)	(0.0312)
婚姻	0.0939	0.0341	−0.1120	−0.0367
	(0.1490)	(0.0543)	(0.1430)	(0.0465)
技能水平	−0.1640*	−0.0595*	−0.3250***	−0.1060***
	(0.0842)	(0.0307)	(0.1110)	(0.0389)
农民工受教育程度	0.0213	0.0078	0.0980***	0.0321***
	(0.0226)	(0.0078)	(0.0152)	(0.0054)
心理健康	−0.0144***	−0.0052***	0.0027	0.0009
	(0.0039)	(0.0015)	(0.0057)	(0.0018)
社会网络	0.0011*	0.0004*	0.0005	0.0002
	(0.0006)	(0.0002)	(0.0008)	(0.0003)
家庭收入	$1.00e-06$**	$3.64e-07$**	$-1.01e-07$	$-3.30e-08$
	($4.87e-07$)	($1.79e-07$)	($5.69e-07$)	($1.86e-07$)
父亲政治面貌	0.2340**	0.0850**	0.2520	0.0826
	(0.0923)	(0.0347)	(0.1670)	(0.0564)
母亲政治面貌	−0.0754	−0.0274	−1.1340**	−0.3720**
	(0.3970)	(0.1430)	(0.5780)	(0.1780)
东部地区	0.3950***	0.1430***	0.2420**	0.0792**
	(0.0846)	(0.0338)	(0.1070)	(0.0354)
中部地区	0.4710***	0.1710***	0.4330***	0.1420**
	(0.1410)	(0.0582)	(0.1600)	(0.0556)
Constant	−0.2100		0.9200	
	(0.4690)		(0.7320)	
Log likelihood	−4 013.3456		−1495.7613	
Wald chi2 (13)	135.5000		134.7500	
Prob > chi2	0.0000		0.0000	
样本量	1 808	1 808	758	758

注：***、**、*分别表示在 1%、5% 和 10% 的显著性水平，括号中数字代表标准误。

出现上述结果的原因，笔者认为，因为不同社会历史时期社会分层程度不一样，因此人们的社会感知差异也会不一样。根据李晚莲（2010）研究发现，在中华人民共和国成立之前社会分化是最为严重的，社会不平等程度最高；在中华人民共和国成立之后到改革开放之前，社会整体分化度低，各个群体之间的代际流动差异最小；而在改革开放后差异逐步扩大（王春光，2003）。老一代农民工所处时期地位分层差异小，而新生代农民工所处时期社会分层差异大，因此父母受教育程度对不同代农民工社会地位感知的影响出现差异。

（3）基于农民工父母职业层级的异质性效应分析。本书按照父母职业层次等级，对超过均值的样本划分为较高职业层级，而低于均值的样本就划为较低职业层级。表6-22回归结果显示，相对于父母职业层级较高，父母职业层级较低时，父母受教育程度对农民工社会地位感知的影响更为显著。

表6-22　　　基于农民工父母职业层级异质性效应的模型估计结果

	父母职业层级较高		父母职业层级较低	
	（1）14岁社会地位感知	（2）边际效应	（3）14岁社会地位感知	（4）边际效应
父母受教育程度	-0.4710 (0.6500)	-0.1700 (0.2200)	-0.5850** (0.2980)	-0.1910** (0.0759)
父母受教育程度的平方	0.0372 (0.0451)	0.0134 (0.0152)	0.0653** (0.0296)	0.0213*** (0.0073)
年龄	-0.0107** (0.0048)	-0.0039** (0.0016)	-0.0148*** (0.0048)	-0.0049*** (0.0013)
性别	-0.2260*** (0.0769)	-0.0815*** (0.0286)	-0.2130*** (0.0740)	-0.0696** (0.0271)
婚姻	0.0370 (0.1570)	0.0133 (0.0561)	-0.0614 (0.1640)	-0.0201 (0.0528)
技能水平	-0.1740* (0.0896)	-0.0628** (0.0311)	-0.3320** (0.1370)	-0.1090** (0.0538)
农民工受教育程度	0.0404*** (0.0144)	0.0145*** (0.0048)	0.0406*** (0.0130)	0.0133*** (0.0036)

	父母职业层级较高		父母职业层级较低	
	(1)	(2)	(3)	(4)
	14岁社会地位感知	边际效应	14岁社会地位感知	边际效应
心理健康	-0.0109**	-0.0039**	-0.0117**	-0.0038*
	(0.0054)	(0.0018)	(0.0054)	(0.0021)
社会网络	0.0013	0.0005	0.0004	0.0001
	(0.0009)	(0.0003)	(0.0006)	(0.0002)
家庭收入	2.18e-07	7.88e-08	2.58e-06**	8.43e-07*
	(4.35e-07)	(1.59e-07)	(1.20e-06)	(4.64e-07)
父亲政治面貌	0.3020**	0.1090**	0.2820**	0.0920***
	(0.1230)	(0.0489)	(0.1140)	(0.0355)
母亲政治面貌	-0.4520	-0.1630	0.6190	0.2020
	(0.5330)	(0.1810)	(0.4590)	(0.1560)
东部地区	0.4160***	0.1500***	0.1750*	0.0571
	(0.1320)	(0.0564)	(0.1020)	(0.0373)
中部地区	0.4540**	0.1640*	0.2460	0.0803
	(0.2250)	(0.0924)	(0.1800)	(0.0662)
Constant	1.373		0.910	
	(2.2420)		(0.5640)	
Log likelihood	-2 251.2664		-2 827.5409	
Wald chi2 (14)	103.2200		166.4400	
Prob > chi2	0.0000		0.0000	
样本量	1 250	1 250	1 316	1 316

注：***、**、*分别表示在1%、5%和10%的显著性水平，括号中数字代表标准误。

之所以出现上述结果，可能的原因是父母职业层级较高时，物质资本和社会资本的作用相对较强，而父母职业层级较低时，其他资本相对稀缺，因此，由教育导致的人力资本作用就凸显出来。

（4）基于农民工技能水平的异质性效应分析。本书按照农民工是否获得职业资格证书、是否参加过技能培训，把农民工分为高技能和低技能两类。表6-23回归结果显示，相对于高技能水平，父母受教育程度对低技能水平农民工社会地位感知的影响更为显著。之所以出现上述结果，笔者认为可能的原因是低技术水平农民工对父母的依赖性较高，故父母受教育程度对其社会地位感知提升的影响更为显著。

表 6 - 23　　基于农民工技能水平异质性效应的模型估计结果

	高技能水平		低技能水平	
	(1)	(2)	(3)	(4)
	14 岁社会地位感知	边际效应	14 岁社会地位感知	边际效应
父母受教育程度	- 0.5290	- 0.1750	- 0.3940 *	- 0.1390 *
	(1.5730)	(0.4180)	(0.2390)	(0.0742)
父母受教育程度的平方	0.0443	0.0146	0.0437 *	0.0153 **
	(0.1150)	(0.0294)	(0.0230)	(0.0070)
年龄	- 0.0194	- 0.0064	- 0.0135 ***	- 0.0048 ***
	(0.0413)	(0.0100)	(0.0034)	(0.0011)
性别	- 0.2560	- 0.0844	- 0.1870 ***	- 0.0658 ***
	(0.3780)	(0.1720)	(0.0610)	(0.0212)
婚姻	- 0.1880	- 0.0619	0.0643	0.0226
	(0.2930)	(0.0727)	(0.1220)	(0.0428)
农民工受教育程度	0.0429	0.0141	0.0367 ***	0.0129 ***
	(0.0633)	(0.0288)	(0.0137)	(0.0042)
心理健康	- 0.0097	- 0.0032	- 0.0099 ***	- 0.0035 **
	(0.0139)	(0.0063)	(0.0037)	(0.0014)
社会网络	- 0.0002	- 7.93e - 05	0.0013 **	0.0005 **
	(0.0008)	(0.0003)	(0.0006)	(0.0002)
家庭收入	3.44e - 07	1.13e - 07	7.67e - 07 *	2.70e - 07 *
	(1.17e - 06)	(4.37e - 07)	(4.30e - 07)	(1.57e - 07)
父亲政治面貌	0.2280	0.0752	0.3100 ***	0.1090 ***
	(0.1870)	(0.0967)	(0.0925)	(0.0329)
母亲政治面貌	- 0.9630	- 0.3180	0.0489	0.0172
	(2.7750)	(0.7350)	(0.2860)	(0.1000)
东部地区	0.5040 **	0.1660 ***	0.3430 ***	0.1200 ***
	(0.2140)	(0.0558)	(0.0800)	(0.0319)
中部地区	0.4270 *	0.1410	0.4210 ***	0.1480 ***
	(0.2540)	(0.1550)	(0.1290)	(0.0528)

	高技能水平		低技能水平	
	（1）	（2）	（3）	（4）
	14 岁社会地位感知	边际效应	14 岁社会地位感知	边际效应
Constant	1.424 （6.2000）		1.424 （6.2000）	
Log likelihood	− 1 273.3783		− 4 279.4947	
Wald chi2 （13）	104.6300		197.8000	
Prob > chi2	0.0000		0.0000	
样本量	588	588	1 978	1 978

注：＊＊＊、＊＊、＊分别表示在1%、5%和10%的显著性水平，括号中数字代表标准误。

（5）基于区域差异的异质性效应分析。表6－24回归结果显示，父母受教育程度对农民工社会地位感知的影响存在区域差异，东部地区的父母受教育程度对农民工社会地位感知的影响呈现正"U"型关系，而这种影响效应在中部地区和西部地区也同样显著，但呈现倒"U"型关系。出现上述结果的主要原因是东部地区的物质资本相对丰富，教育人力资本的作用发挥相对迟缓，呈现先下降后上升；而中西部地区物质资本相对有限，教育人力资本的作用比较明显，呈现先上升后下降。

表6－24　　　　　　　　　基于区域异质性效应的模型估计结果

	东部		中部		西部	
	（1）	（2）	（3）	（4）	（5）	（6）
	14 岁社会地位感知	边际效应	14 岁社会地位感知	边际效应	14 岁社会地位感知	边际效应
父母受教育程度	− 0.4120＊＊ （0.1700）	− 0.1450＊＊＊ （0.0507）	0.8310＊＊＊ （0.1170）	0.2200＊＊＊ （0.0178）	0.6680＊＊ （0.2860）	0.2030＊＊＊ （0.0615）
父母受教育程度的平方	0.0422＊＊＊ （0.0148）	0.0149＊＊＊ （0.0043）	− 0.0735＊＊＊ （0.0122）	− 0.0194＊＊＊ （0.0021）	− 0.0600＊＊ （0.0279）	− 0.0182＊＊＊ （0.0062）
年龄	− 0.0109＊＊＊ （0.0040）	− 0.0038＊＊＊ （0.0013）	0.0221＊ （0.0115）	0.0059＊＊ （0.0028）	0.0003 （0.0119）	7.71e − 05 （0.0036）
性别	− 0.2350＊＊＊ （0.0663）	− 0.0826＊＊＊ （0.0242）	− 0.1070 （0.1600）	− 0.0282 （0.0435）	0.0421 （0.1400）	0.0128 （0.0416）

续表

	东部		中部		西部	
	（1）	（2）	（3）	（4）	（5）	（6）
	14 岁社会地位感知	边际效应	14 岁社会地位感知	边际效应	14 岁社会地位感知	边际效应
婚姻	−0.0235	−0.0083	0.1330	0.0351	0.2440	0.0741
	(0.1330)	(0.0469)	(0.2130)	(0.0557)	(0.2060)	(0.0642)
技能水平	−0.1790 **	−0.0631 **	−0.1550	−0.0408	0.0515	0.0157
	(0.0827)	(0.0301)	(0.2200)	(0.0599)	(0.2080)	(0.0617)
农民工受教育程度	0.0404 ***	0.0142 ***	0.0121	0.0032	−0.0378	−0.0115
	(0.0116)	(0.0038)	(0.0272)	(0.0073)	(0.0376)	(0.0102)
心理健康	−0.0090 **	−0.0032 **	0.0097	0.0026	−0.0124	−0.0038
	(0.0040)	(0.0015)	(0.0067)	(0.0017)	(0.0115)	(0.0039)
社会网络	0.0010	0.0003	0.0003	8.73e−05	−0.0014	−0.0004
	(0.0006)	(0.0002)	(0.0012)	(0.0003)	(0.0012)	(0.0004)
家庭收入	9.90e−07 **	3.48e−07 **	1.30e−06	3.44e−07	−1.03e−07	−3.14e−08
	(4.87e−07)	(1.75e−07)	(1.92e−06)	(5.25e−07)	(6.28e−07)	(1.91e−07)
父亲政治面貌	0.2620 **	0.0923 **	−0.2360	−0.0624	−0.0465	−0.0141
	(0.1040)	(0.0384)	(0.1790)	(0.0457)	(0.2360)	(0.0704)
母亲政治面貌	−0.2440	−0.0857	0.3280	0.08670	1.0140 *	0.3080 **
	(0.359)	(0.1240)	(0.4830)	(0.1270)	(0.5330)	(0.1410)
Constant	0.913 **		−2.6850 ***		−0.8830	
	(0.389)		(0.6850)		(0.7880)	
Log likelihood	−3 606.9015		−943.4961		−1 103.2779	
Wald chi2 （12）	150.7500		458.2900		115.5500	
Prob > chi2	0.0000		0.0000		0.0000	
样本量	1 625	1 625	427	427	514	514

注：***、**、* 分别表示在 1%、5% 和 10% 的显著性水平，括号中数字代表标准误。

（二） 农民工受教育程度对其社会地位感知的影响

1. 基本结果。由于因变量"农民工社会地位感知"为二元虚拟变量，故此部分工具变量法选取 IVProbit 模型，选取"家庭最近一所小学距离"为工具变量。由于 Probit 模型的估计系数本身并不能代表自变量对因变量的边际效应，为了精准分析农民工受教育程度对其社会地位感知的影响效应,需要对其进行一定转换。具体结果见表6-25,表6-25的(1)列展示了农民工受教育程度对其社会地位感知影响的模型估计结果,表6-25的(2)列展示了农民工受教育程度对其社会地位感知影响的边际效应。

表6-25　农民工受教育程度对其社会地位感知影响的模型估计结果(1)

	(1) 目前社会地位感知	(2) 边际效应
农民工受教育程度	-0.7280*** (0.0841)	-0.2400*** (0.0215)
农民工受教育程度的平方	0.0392*** (0.0041)	0.0129*** (0.0010)
年龄	-0.0120*** (0.0039)	-0.0040*** (0.0012)
性别	0.2490*** (0.0599)	0.0821*** (0.0182)
婚姻	0.5860*** (0.0649)	0.1930*** (0.0214)
技能水平	-0.1900*** (0.0735)	-0.0624*** (0.0233)
身体健康	0.1530 (0.1230)	0.0503 (0.0417)
社会网络	0.0012** (0.0005)	0.0004** (0.0002)
自有住房	0.0268 (0.0438)	0.0088 (0.0145)
东部地区	0.1210** (0.0556)	0.0399** (0.0183)
中部地区	0.1690** (0.0681)	0.0557** (0.0223)
Constant	2.6160*** (0.5160)	
Log likelihood	-5 961.9299	
Wald chi2 (11)	943.0700	
Prob > chi2	0.0000	
样本量	2 610	2 610

注:***、**、*分别表示在1%、5%和10%的显著性水平,括号中数字代表标准误。

回归方程（1）、回归方程（2）表明，农民工受教育程度对其社会地位感知的影响为非线性关系；根据二次项系数显示，农民工受教育程度与其社会地位感知呈现为正"U"型关系，且在1%的统计水平上显著。根据求"U"型拐点的方法，即求一阶导数，令它等于零的点。求拐点公式为b/2a，即一次项系数/（2×二次项系数）。根据上述求拐点方法，表6-25的回归方程（1）"U"型的拐点为9.29，回归方程（2）"U"型的拐点为9.30。

因此，根据表6-25中回归方程（1）、回归方程（2）显示，农民工受教育程度对其社会地位感知的影响在初中毕业前后出现拐点：在初中及以下受教育程度时，农民工受教育程度对其社会地位感知的影响为负，随着受教育程度的提升，农民工对其社会地位感知逐渐降低；当父母在初中及以上受教育程度时，农民工受教育程度对其社会地位感知的影响为正，随着受教育程度的提升，农民工对其社会地位感知逐渐提升。社会地位感知是一个受多种因素综合作用的要素，是个体认知水平与所处环境相互作用的结果。倘若农民工因为所处历史阶段或者家庭等因素没有机会接受教育，就依靠父母所传授的单一技能到附近区域打工赚钱，也是一种简单单纯的生活方式，其社会地位感知因认知能力和所处环境单纯或许并不低；可倘若有机会获得几年教育，认知水平提升了，但改变周边环境的能力还不够，这可能随着教育年限的增加社会地位感知反而下降了。因此，只有在农民工有机会持续获得教育机会，比如能够上完小学、初中，甚至有机会上高中……这才能随着教育程度的提升而同时提升其社会地位感知。

对于控制变量，可以看到，农民工年龄对其社会地位感知的影响显著为负。边际效应结果显示，在其他因素保持不变情况下，农民工年龄每增加一岁，其对社会地位感知评价就会降低0.40%。之所以出现上述结果，可能的主要原因是随着年龄的增加，农民工对社会地位认识越发深刻和全面，承担的生活压力也会越大，社会地位感知评价越低。从农民工性别来看，农民工性别对其社会地位感知的影响显著为负，且在1%的统计水平上显著。边际效应计算结果显示，在其他条件保持不变的前提下，相对于女性农民工而言，男性农民工对社会地位感知的评价显著提高8.21%。从农民工婚姻状况来看，农民工婚姻对其社会地位感知的影响显著为正，且在1%的统计水平上显著。从边际效应结果来看，在其他因素保持不变的情况下，相比于未婚的农民工，已婚的农民工，其社会地位感知评价提升19.30%。从农民工技能培训经历来看，在其他因素不变的情况下，农民工接受过教育培训经历对社会地位感知的评价越低，从边际效应结果来看，假定其他变量保持不变，相对于没有接受过技能培训的农民工群体，接受过技能培训的农民工群体对社会地位感知评价降低6.24%。

此外，农民工社会网络数量显著影响其社会地位感知评价，从边际效应结果来看，社会网络数每增加一个，农民工社会地位感知评价就提升0.04%。之所以出现上述结果，可能的原因是社会地位感知受到面临社会问题的影响，而社会关系数量多，更有可能协助帮忙解决碰到的各类问题，因此，其对社会地位感知的评价就会偏高一些。

基于区域差异，相对于西部地区而言，东部、中部地区农民工社会地位感知评价显著为正。从边际效应计算结果来看，相对于西部地区，东部地区农民工社会地位感知评价提升3.99%，中部地区农民工社会地位感知评价提高5.57%。归其原因，主要是东部、中部地区经济发展水平较高，家庭可支配收入较高，相对于西部来说，其社会地位感知相对偏好一些。

对于其他控制变量，如农民工健康状况、家庭住房情况等回归系数为正，说明对农民工社会地位感知评价的提升起到一定作用，但在统计上均不显著。

2. 稳健性检验。在农民工受教育程度对其社会地位感知影响的基准回归中，采用CLDS 2018年调研数据，结果发现，农民工受教育程度对其社会地位感知影响呈现正"U"型关系。如果农民工受教育程度对其社会地位感知的影响是稳健的，那么使用其他年份的调研数据也应该能得到检验。因此，本书将采用CLDS 2014年数据，使用工具变量法来对农民工受教育程度与其社会地位感知两者的关系进行稳健性检验，如表6-26所示。

表6-26　农民工受教育程度对其社会地位感知影响的模型估计结果（2）

	(1) 目前社会地位感知	(2) 边际效应
农民工受教育程度	-0.7320*** (0.0280)	-0.2210*** (0.0040)

续表

	（1） 目前社会地位感知	（2） 边际效应
农民工受教育程度的平方	0.0426 ***	0.0129 ***
	（0.0015）	（0.0002）
年龄	− 0.0223 ***	− 0.0067 ***
	（0.0021）	（0.0005）
性别	0.3570 ***	0.1080 ***
	（0.0514）	（0.0138）
婚姻	0.6570 ***	0.1980 ***
	（0.0535）	（0.0181）
技能水平	− 0.2550 ***	− 0.0770 ***
	（0.0541）	（0.0159）
身体健康	− 0.0232	− 0.0070
	（0.0656）	（0.0197）
社会网络	− 0.000243	− 7.34e − 05
	（0.0005）	（0.0001）
自有住房	− 0.0241	− 0.0073
	（0.0585）	（0.0176）
东部地区	0.0766	0.0231
	（0.0574）	（0.0177）
中部地区	− 0.0202	− 0.0061
	（0.0680）	（0.0205）
Constant	2.7400 ***	
	（0.2530）	
Log likelihood	− 9 128.8836	
Wald chi2 （11）	3 269.1200	
Prob > chi2	0.0000	
样本量	3 857	3 857

注：＊＊＊、＊＊、＊分别表示在1%、5%和10%的显著性水平，括号中数字代表标准误。

从表6-26中可以看出，无论回归方程（1）还是回归方程（2），二次项系数均表明农民工受教育程度与其社会地位感知为非线性关系，呈现正"U"型关系，且在1%的统计水平上显著。根据前面求"U"型拐点的方法，表 6 - 26 的回归方程（1）"U"型的拐点为 8.59，回归方程（2）"U"型的拐点为 8.57。上述结果表明，换成 CLDS 2014 年数据，农民工受教育程度对其社会地位感知影响在农民工初中毕业前后出现拐点，这充分说明，农民工受教育程度对其社会地位感知的影响效应是稳健的。

3. 异质性分析。针对不同特征的农民工、不同特征的父母与社会地位感知关系的分析将有助于细致而全面识别不同群体的差异性，进一步深入探讨农民工受教育程度对其社会地位感知的影响，也有助于未来相关社会支持政策制定的目标对象选择。

（1）基于农民工性别的异质性效应分析。从表 6 - 27 可以看出，农民工自身受教育程度对其社会地位感知，无论是男性还是女性均呈现出正"U"型关系，且在 1% 的统计水平上显著。根据前面求拐点的方法，回归方程（2）的拐点为 10.06，回归方程（4）的拐点为 8.59。由于传统男女观念，使得男性群体受教育程度相对偏高，因此，相对于女性农民工，男性农民工受教育程度对其社会地位感知的影响拐点相对晚一些。

表 6 - 27　　　　　基于农民工性别异质性效应的模型估计结果

	男性		女性	
	（1）目前社会地位感知	（2）边际效应	（3）目前社会地位感知	（4）边际效应
农民工受教育程度	- 0. 9350 *** (0. 0405)	- 0. 3160 *** (0. 0083)	- 0. 5740 *** (0. 1630)	- 0. 1890 *** (0. 0437)
农民工受教育程度的平方	0. 0463 *** (0. 0015)	0. 0157 *** (0. 0003)	0. 0333 *** (0. 0088)	0. 0110 *** (0. 0023)
年龄	- 0. 0102 *** (0. 0035)	- 0. 0034 *** (0. 0012)	- 0. 0090 (0. 0068)	- 0. 0030 (0. 0021)
婚姻	0. 3680 *** (0. 1200)	0. 1240 *** (0. 0420)	0. 6870 *** (0. 1520)	0. 2260 *** (0. 0413)
技能水平	- 0. 0366 (0. 0774)	- 0. 0124 (0. 0261)	- 0. 3080 * (0. 1740)	- 0. 1020 * (0. 0530)
身体健康	- 0. 0277 (0. 1800)	- 0. 0094 (0. 0606)	0. 2610 * (0. 1420)	0. 0861 * (0. 0510)

续表

	男性		女性	
	（1）	（2）	（3）	（4）
	目前社会地位感知	边际效应	目前社会地位感知	边际效应
社会网络	0.0013	0.0004	0.0009	0.0003
	(0.0014)	(0.0005)	(0.0007)	(0.0002)
自有住房	−0.0364	−0.0123	0.0256	0.0085
	(0.0690)	(0.0232)	(0.0610)	(0.0201)
东部地区	0.1110	0.0375	0.1940**	0.0640**
	(0.0812)	(0.0272)	(0.0806)	(0.0267)
中部地区	0.0598	0.0202	0.2380**	0.0784**
	(0.0965)	(0.0326)	(0.1040)	(0.0330)
Constant	4.2600***		1.5750**	
	(0.4570)		(0.7910)	
Log likelihood	−2 484.9233		−3 377.3431	
Wald chi2 (10)	1 956.1900		181.2000	
Prob > chi2	0.0000		0.0000	
样本量	1 177	1 177	1 433	1 433

注：***、**、*分别表示在1%、5%和10%的显著性水平，括号中数字代表标准误。

（2）基于新生代和老一代农民工的异质性效应分析。借鉴相关研究文献，本书将在2018年这一调查年份年龄等于或大于38岁的农民工界定为老一代农民工，而低于38岁的农民工界定为新生代农民工，以此来判别农民工受教育程度对其社会地位感知的影响是否存在代际差异。从表6－28回归结果可知，相对于新生代农民工，农民工受教育程度对老一代农民工社会地位感知的影响更大，且在1%的统计水平上显著。

表6－28   基于新生代和老一代农民工异质性效应的模型估计结果

	老一代农民工（≥38）		新生代农民工	
	（1）	（2）	（3）	（4）
	目前社会地位感知	边际效应	目前社会地位感知	边际效应
农民工受教育程度	−0.7360***	−0.2350***	−0.2730	−0.1000
	(0.0534)	(0.0113)	(2.2570)	(0.8180)

	老一代农民工（≥38）		新生代农民工	
	（1）	（2）	（3）	（4）
	目前社会地位感知	边际效应	目前社会地位感知	边际效应
农民工受教育程度的平方	0.0481***	0.0153***	0.0134	0.0049
	(0.0032)	(0.0006)	(0.0968)	(0.0350)
性别	0.200***	0.0638***	-0.0031	-0.0011
	(0.0599)	(0.0183)	(0.1140)	(0.0420)
婚姻	0.3390***	0.1080***	0.2350	0.0861
	(0.1100)	(0.0358)	(0.1530)	(0.0634)
技能水平	-0.4400***	-0.1410***	-0.0848	-0.0311
	(0.1190)	(0.0357)	(0.1100)	(0.0394)
身体健康	0.1490	0.0477	0.4430***	0.1620***
	(0.1050)	(0.0346)	(0.1270)	(0.0386)
社会网络	0.0010	0.0003	0.0019	0.0007
	(0.0006)	(0.0002)	(0.0019)	(0.0007)
自有住房	0.0008	0.0003	0.1880*	0.0689*
	(0.0510)	(0.0163)	(0.1000)	(0.0398)
东部地区	0.1010	0.0324	0.1780	0.0655
	(0.0665)	(0.0211)	(0.1510)	(0.0513)
中部地区	0.0704	0.0225	0.1870	0.0688
	(0.0813)	(0.0259)	(0.1510)	(0.0577)
Constant	1.7740***		0.8000	
	(0.2250)		(12.0000)	
样本量	1 742	1 742	868	868

注：***、*分别表示在1%、10%的显著性水平，括号中数字代表标准误。

出现上述结果的原因，笔者认为，主要是新生代农民工受教育程度普遍较高，教育人力资本对社会地位感知的影响显著性不明显，反而老一代农民工，受教育程度相对偏低，由教育带来的福利增加也比较明显，因此，教育对其社会地位感知的影响就显著，效应也更明显。

（3）基于农民工职业层级的异质性效应分析。本书按照农民工职业层次等级，对超过均值的样本划分为较高职业层级，而低于均值的样本就划为较低职业层级。表 6 – 29 回归结果显示，农民工受教育程度对社会地位感知的影响存在职业层级差异。当职业层级较高时，农民工受教育程度与其社会地位感知呈现正"U"型关系；而当职业层级较低时，农民工受教育程度与其社会地位感知呈现倒"U"型关系。之所以出现上述结果，可能的原因是职业层级较高时，物质资本和社会资本的作用相对较强，教育人力资本先降后升；而职业层级较低时，其他资本相对稀缺，因此，由教育导致的人力资本作用就凸显出来，但教育人力资本的影响无法无限增长，从而呈现先升后降。

表 6 – 29　　　　　　基于农民工职业层级异质性效应的模型估计结果

	职业层级较高		职业层级较低	
	（1）	（2）	（3）	（4）
	目前社会地位感知	边际效应	目前社会地位感知	边际效应
农民工受教育程度	- 0.5870 ***	- 0.2010 ***	0.8260 ***	0.2520 ***
	(0.1870)	(0.0605)	(0.0419)	(0.0147)
农民工受教育程度的平方	0.0309 ***	0.0106 ***	- 0.0538 ***	- 0.0164 ***
	(0.0091)	(0.0029)	(0.0032)	(0.0011)
年龄	- 0.0046	- 0.0016	0.0169 ***	0.0052 ***
	(0.0058)	(0.0020)	(0.0037)	(0.0012)
性别	0.2040 ***	0.0699 ***	- 0.3140 ***	- 0.0958 ***
	(0.0692)	(0.0229)	(0.1110)	(0.0332)
婚姻	0.4530 ***	0.1550 ***	- 0.4610 **	- 0.1410 **
	(0.1060)	(0.0345)	(0.1970)	(0.0612)
技能水平	- 0.0833	- 0.0285	0.2570 *	0.0785 *
	(0.0939)	(0.0319)	(0.1410)	(0.0430)
身体健康	0.2640 *	0.0905 *	0.0528	0.0161
	(0.1420)	(0.0500)	(0.1880)	(0.0572)
社会网络	0.0044 ***	0.0015 ***	- 0.0009	- 0.0003
	(0.0016)	(0.0006)	(0.0008)	(0.0003)
自有住房	0.0707	0.0242	- 0.0553	- 0.0169
	(0.0630)	(0.0217)	(0.0817)	(0.0249)
东部地区	0.1560 **	0.0534 **	0.0353	0.0108
	(0.0786)	(0.0266)	(0.0983)	(0.0300)

	职业层级较高		职业层级较低	
	（1）	（2）	（3）	（4）
	目前社会地位感知	边际效应	目前社会地位感知	边际效应
中部地区	0.2210 **	0.0759 **	-0.0456	-0.0139
	(0.0922)	(0.0312)	(0.1240)	(0.0379)
Constant	1.9010 *		-2.7760 ***	
	(0.9920)		(0.2570)	
Log likelihood	-4 066.1357		-1 770.7759	
Wald chi2 (11)	253.6000		1 163.4700	
Prob > chi2	0.0000		0.0000	
样本量	1 825	1，825	785	785

注：***、**、*分别表示在1%、5%和10%的显著性水平，括号中数字代表标准误。

（4）基于农民工技能水平的异质性效应分析。农民工技能水平的高低一方面取决于农民工本身所具有的技能，主要可以通过"是否获得职业资格证书"来衡量；另一方面取决于工作过程中继续学习的情况，可通过"是否参加技能培训"来衡量。故本书按照农民工是否获得职业资格证书、是否参加过技能培训等作为判断技能水平高低的标准，把农民工分为高技能农民工群体和低技能农民工群体两类。表6-30回归结果显示，相对于高技能水平农民工群体，低技能水平农民工群体受教育程度对其社会地位感知的影响更为显著。之所以出现上述结果，笔者认为可能的原因是低技能水平农民工群体普遍来说受教育程度偏低，故由教育提升带来对其社会地位感知的影响就更为显著和明显。

表6-30　　　　　基于农民工技能水平异质性效应的模型估计结果

	高技能水平		低技能水平	
	（1）	（2）	（3）	（4）
	目前社会地位感知	边际效应	目前社会地位感知	边际效应
农民工受教育程度	-0.7250	-0.2490	-0.7120 ***	-0.2330 ***
	(2.2610)	(0.7960)	(0.0764)	(0.0193)
农民工受教育程度的平方	0.0315	0.0108	0.0413 ***	0.0135 ***
	(0.0932)	(0.0329)	(0.0040)	(0.0010)

	高技能水平		低技能水平	
	（1）	（2）	（3）	（4）
	目前社会地位感知	边际效应	目前社会地位感知	边际效应
年龄	0.0102	0.0035	−0.0099***	−0.0032***
	(0.0263)	(0.0088)	(0.0032)	(0.0010)
性别	−0.0689	−0.0237	0.2070***	0.0676***
	(0.3680)	(0.1250)	(0.0563)	(0.0175)
婚姻	0.0412	0.0142	0.7530***	0.2460***
	(0.2060)	(0.0701)	(0.0757)	(0.0238)
身体健康	0.4270	0.1470	0.1620	0.0531
	(0.6340)	(0.2060)	(0.1070)	(0.0360)
社会网络	0.0022	0.0007	0.0014**	0.0004**
	(0.0019)	(0.0006)	(0.0007)	(0.0002)
自有住房	0.0169	0.0058	0.0143	0.0047
	(0.2380)	(0.0815)	(0.0474)	(0.0155)
东部地区	0.0720	0.0248	0.1280**	0.0418**
	(0.4360)	(0.1510)	(0.0610)	(0.0200)
中部地区	0.5830*	0.2000*	0.1460*	0.0478**
	(0.3410)	(0.1060)	(0.0750)	(0.0243)
Constant	3.3820		2.0890***	
	(13.5000)		(0.4130)	
Log likelihood	−650.05258		−5 039.5516	
Wald chi2 （10）	44.5600		677.9000	
Prob > chi2	0.0000		0.0000	
样本量	416	416	2 194	2 194

注：***、**、*分别表示在1%、5%和10%的显著性水平，括号中数字代表标准误。

（5）基于区域差异的异质性效应分析。表6−31回归结果显示，农民工受教育程度对其社会地位感知的影响存在区域差异，相对于东部地区而言，中部地区和西部地区农民工受教育程度对其社会地位感知的影响效应更为显著。出现上述结果的主要原因是东部地区的物质资本、社会资本相对丰富，教育人力资本的作用发挥相对有限；而中西部地区物质资本、社会资本相对更有限，故教育人力资本的作用比较明显。

表 6 – 31   基于区域异质性效应的模型估计结果

	东部		中部		西部	
	(1)	(2)	(3)	(4)	(5)	(6)
	目前社会地位感知	边际效应	目前社会地位感知	边际效应	目前社会地位感知	边际效应
农民工受教育程度	− 0.0045	− 0.0016	− 0.4620 **	− 0.1570 **	− 0.6040 *	− 0.1940 **
	(0.0423)	(0.0154)	(0.2340)	(0.0788)	(0.3230)	(0.0776)
农民工受教育程度的平方	0.0019	0.0007	0.0257 **	0.0088 **	0.0355 **	0.0114 ***
	(0.0026)	(0.0010)	(0.0117)	(0.0039)	(0.0174)	(0.0040)
年龄	0.0059 **	0.0022 **	− 0.0019	− 0.0007	− 0.0095	− 0.0031
	(0.0025)	(0.0009)	(0.0071)	(0.0024)	(0.0153)	(0.0045)
性别	− 0.0942	− 0.0344	0.0835	0.0284	0.3830 **	0.1230 **
	(0.0689)	(0.0251)	(0.1140)	(0.0389)	(0.1890)	(0.0478)
婚姻	0.2360 **	0.0861 **	0.5270 ***	0.1790 ***	0.6550 **	0.2110 ***
	(0.1110)	(0.0403)	(0.1880)	(0.0627)	(0.2870)	(0.0695)
技能水平	− 0.0412	− 0.0150	0.3260	0.1110	− 0.1240	− 0.0397
	(0.0951)	(0.0347)	(0.3020)	(0.1030)	(0.2160)	(0.0658)
身体健康	0.5350 ***	0.1950 ***	0.5480 ***	0.1860 ***	− 0.0161	− 0.0052
	(0.0676)	(0.0232)	(0.1690)	(0.0565)	(0.1630)	(0.0518)
社会网络	0.0011	0.0004	0.0020	0.0007	0.0073 **	0.0023 *
	(0.0008)	(0.0003)	(0.0015)	(0.0005)	(0.0035)	(0.0013)
自有住房	0.0641	0.0234	0.1640	0.0559	0.0174	0.0056
	(0.0672)	(0.0245)	(0.1220)	(0.0415)	(0.1660)	(0.0527)
Constant	− 0.6110		1.1280		1.7490	
	(0.0000)		(1.2450)		(1.5240)	
Log likelihood	− 3 684.1741		− 1 135.6334		− 1 099.0657	
Wald chi2 (9)	892.7500		75.7300		54.9600	
Prob > chi2	0.0000		0.0000		0.0000	
样本量	1 632	1 632	515	515	463	463

注: *** 、 ** 、 * 分别表示在1%、5%和10%的显著性水平,括号中数字代表标准误。

第七章　教育人力资本传承对农民工职业代际流动影响的实证研究

一、样本描述性统计分析

根据研究需要，对 CLDS 2018 年的调查数据进行整理，在本章的分析中，总样本数共计 7 921 个。

（一）农民工职业代际流动情况

1. 职业代际分布情况。根据农民工职业类别的界定，随着我国社会经济的发展，农民工的职业层级分布也越来越多元化、职业层级上升也越来越快，从单纯的体力劳动者逐渐发展为少技术体力工人、商业服务人员、常规非体力工人、技术或者管理人员。从某种意义上来讲，农民工在这五个类别的职业层级分布上呈现出动态发展规律，且已基本遍布了各个职业种类。

CLDS 数据库是按照国家职业分类 2015 年版来划分的，职业编码从 10 000 ~ 80 000，根据农民工实际构成作了两个方面的整合：一是 CLDS 中的 70 000 和 80 000 分别表示军人和不便分类的其他从业人员，属于特殊人群。在最初农民工研究对象的筛选之后就没有这部分数据了，所以职业编码仅包括 10 000 ~ 70 000 的部分。二是由于农民工中专业技术人员和管理人员总体数量均很少，所以将这两类职业合并为一类。表 7 - 1 描述统计了本书所采用的农民工五大分类与职业编码的对应关系。

表 7 - 1　　　　　　　　　　农民工职业分类编码对照

农民工职业分类	CLDS 中的职业编码
第一类：体力劳动者	50 000 ~ 60 000
第二类：少技术体力工人	60 000 ~ 70 000
第三类：商业服务人员	40 000 ~ 50 000
第四类：常规非体力工人	30 000 ~ 40 000
第五类：技术或管理人员	30 000 以下

　　为了细致地分析农民工职业代际分布与流动情况，为了更加清晰刻画五大职业种类之间的流动与分布情况，我们根据如上农民工五大类的职业分类分别构建了父亲、母亲与子女的职业分布矩阵，如表7－2和表7－3所示。

表7－2　　　　　　　　父亲与农民工子女职业分布矩阵　　　　　　　单位：人

父亲职业	农民工子女职业					
	体力劳动者	少技术体力工人	商业服务人员	常规非体力工人	技术或管理人员	合计
体力劳动者	604	1 197	1 717	146	346	4 010
少技术体力工人	8	66	110	9	30	223
商业服务行业人员	3	16	98	6	37	160
常规非体力工人	8	15	44	4	13	84
技术或管理人员	29	88	169	28	72	386
合计	652	1 382	2 138	193	498	4 863

　　资料来源：根据 CLDS 2018 年计算整理。

表7－3　　　　　　　　母亲与农民工子女职业分布矩阵　　　　　　　单位：人

母亲职业	农民工子女职业					
	体力劳动者	少技术体力工人	商业服务人员	常规非体力工人	技术或管理人员	合计
体力劳动者	661	1 333	1 910	179	429	4 512
少技术体力工人	0	20	51	3	24	98
商业服务行业人员	1	12	62	6	18	99
常规非体力工人	1	2	14	2	2	21
技术或管理人员	4	8	23	2	14	51
合计	667	1 375	2 060	192	487	4 781

　　资料来源：根据 CLDS 2018 年计算整理。

　　表7－2描述的是农民工与其父亲职业分布矩阵。主对角线上的元素代表父亲与农民工从事相同职业的频数；主对角线上方的元素代表农民工职业向上流动的频数，下方的元素代表农民工职业向下流动的频数。据表7－2可知，父亲体力劳动者样本量较大，有4 010个样本；农民工以少技术体力工人、商业服务行业人员为主，分别是1 382个和2 138个，且父亲为体力劳动者而子女为少技术体力工人、商业服务人员相对较高，分别是1 197个和1 717个。这说明父亲与农民工职业转换主要是在体力劳动者与向少

技术体力工人和商业服务人员的转换。父亲为体力劳动者而农民工为技术或管理人员的样本数量也占有一定比例，样本达到346个。数据反映出中国社会较好的公平性和开放性，与中国农村家庭现实特征比较吻合。

为观察和刻画母亲与农民工的职业分布特征，进一步构建了表7-3所示的母亲与农民工子女职业分布矩阵。结果发现母亲与农民工的职业分布特征与表7-2所示的父亲与农民工子女职业分布特征类似，母亲为体力劳动者数量最大，有4 512个样本，农民工以少技术体力工人、商业服务行业人员为主，分别占据1 375个和2 060个。当母亲为体力劳动者而子女为少技术、商业服务行业人员的相对较多，分别为1 333个和1 910个。母亲为体力劳动者而农民工为技术或管理人员的样本数量也占据一定比例，样本达到429个。由此可以初步判断，父亲、母亲与农民工之间的代际职业分布差异较小。

总体来说，父母是体力劳动者职业层级的占比大，而农民工子女是少技术体力工人、商业服务行业人员的占比大。当父母是体力劳动者时，农民工子女有一定机会流向少技术体力工人、商业服务人员，也有一定机会流向常规非体力工人、技术或管理人员。不过，相对来说，农民工子女向临近职业层级流动的概率更大，即流向少技术体力工人、商业服务行业人员的比重大于其他两个职业层级。当然，整体来看，社会还是呈现出较好的公平性和开放性。

2. 职业代际流动指数分析。职业分布矩阵不能清晰地刻画样本农民工家庭的职业代际流动性情况，本部分参考布劳（Blau）等提出的测度父母与农民工职业代际流动指数的方法，郭丛斌（2004）等相关文献也有计算过程的详细步骤，在此便不再赘述。根据前面的父亲子女职业分布矩阵和母亲子女职业分布矩阵，分别计算结果得出如表7-4和表7-5所示职业代际流动指数矩阵。

表7-4　　　　　职业代际流动指数（父亲—农民工子女）

父亲职业	农民工子女职业					
	体力劳动者	少技术体力工人	商业服务人员	常规非体力工人	技术或管理人员	流出指数
体力劳动者	1.1234	1.0504	0.9739	0.9174	0.8426	0.9461
少技术体力工人	0.2676	1.0414	1.1220	1.0169	1.3137	0.9301

父亲职业	农民工子女职业					
	体力劳动者	少技术体力工人	商业服务人员	常规非体力工人	技术或管理人员	流出指数
商业服务行业人员	0.1398	0.3519	1.3932	0.9449	2.2582	0.9237
常规非体力工人	0.7103	0.6284	1.1914	1.1999	1.5113	1.0104
技术或管理人员	0.5604	0.8022	0.9959	1.8278	1.8215	1.0466
流入指数	0.4195	0.7082	1.0708	1.1768	1.4815	——

表7-5　　　　　　　　职业代际流动指数（母亲—农民工子女）

母亲职业	农民工子女职业					
	体力劳动者	少技术体力工人	商业服务人员	常规非体力工人	技术或管理人员	流出指数
体力劳动者	1.0501	1.0273	0.9825	0.9879	0.9334	0.9828
少技术体力工人	0	0.7096	1.2078	0.7623	2.4042	1.0936
商业服务行业人员	0.0724	0.4215	1.4535	1.5092	1.7850	0.9470
常规非体力工人	0.3413	0.3312	1.5472	2.3715	0.9350	0.7887
技术或管理人员	0.5622	0.5454	1.0467	0.9765	2.6949	0.7827
流入指数	0.2440	0.5814	1.1961	1.0590	1.5144	——

第一，父亲与子女职业代际流动指数分析。

表7-4为父亲与农民工子女职业代际流动指数，反映了父亲与农民工之间的职业代际流动状况。表7-4中主对角线上的五个元素表示农民工五类职业的职业代际传递性的强弱，该值越大则传递性越强，即流动性越弱；非主对角线元素测度了职业代际流动性的强弱，数值越大则职业代际流动性越强。由于主对角线上的四个元素的数值均大于1，这也就意味着五大类职业里面有四大类职业都呈现出高传递性。总体来说，农民工职业代际传递性较强，流动性较弱。

通过横向对比表7-4可以得出：第一，体力劳动者、少技术体力工人或者商业服务行业人员的职业代际流出指数分别为0.9461、0.9301和0.9237，说明父亲如果从事上述工作，农民工从事同样职业的概率较高。第二，父亲从事常规非体力工人工作的职业代际继承指数为1.1999、流出指数为1.0104，意味着该职业呈现高传递性与高流动性并存的特征，而且这种流动性主要是流向更高层次的技术或管理工作。第三，父亲从事技术或管理工作，农民工从事同种工作以及常规非体力工作的可能性较高。

通过纵向对比表 7-4 可以得出：第一，体力劳动者与少技术体力工人的流入指数分别为 0.4195 和 0.7082，说明父亲不从事体力劳动或者少技术体力工人，农民工从事这两种职业的可能性也较低。第二，对于商业服务人员、常规非体力工人和技术或管理人员，其流入指数分别为 1.0708、1.1768 和 1.4815，说明父亲不从事这三种职业，并不会降低农民工从事这三种职业的可能性。

总体上，体力劳动者和少技术体力工人的职业代际传递性较高，说明农民工职业代际流动性较差；商业服务人员、常规非体力工人和技术或管理人员表现出较强的职业代际传递，同时也存在一定的职业代际流动，但这种流动主要是在这三种职业之间。总的来说，这三种职业所占比例较低，也说明农民工职业代际流动性相对较低，还需要进一步提升。

第二，母亲与子女职业代际流动指数及差异性分析。

表 7-5 报告了母亲与农民工职业代际流动指数，反映了母亲与农民工之间的职业代际流动状况。由表 7-5 可知，主对角线上的五个元素也是有四个元素的数值都大于 1，呈现出较高的职业代际传递性，即较低的流动性；非主对角线的各个元素测度了职业代际流动性的强弱，数值越大则职业代际流动性越强，母亲与农民工的职业代际流动指数测度结果与表 7-4 所示的父亲与农民工职业代际流动指数总体规律差异不大，说明父亲、母亲与农民工之间的职业代际流动差异较小，总体呈现出一致的规律。

从表 7-5 横向对比来看，与父亲与子女职业代际流动指数相比，母亲与子女职业代际流动稍有程度差异的是第二类职业和第三类职业，当母亲从事常规非体力工人和技术管理人员时，其职业代际继承指数分别达到 2.3715 和 2.6949，其职业代际流动指数仅为 0.7887 和 0.7827，说明当母亲从事这两类职业时，其子女从事这类职业的概率相当大。

从表 7-5 横向对比来看，与父亲与子女职业代际流动指数相比，母亲与子女职业代际流动稍有程度差异的第一类、第三类、第四类和第五类职业，稍有程度差异的在于两点：一是针对体力劳动者这类职业，流入指数是所有职业类型里面最小的，仅为0.2440，也就是说当目前不从事体力劳动者这个职业时，农民工子女进入这类职业的概率非常小。二是针对商业服务人员、常规非体力工人、技术管理人员这三类职业，其职业代际流入指数分别为1.1961、1.0590和1.5144，这三个指数相比父亲与子女职业代际流动指数值更大，这也说明即使母亲不从事这三类职业，其子女也同样有较大机会进入这三类职业。

由以上分析可以看出，中国职业的开放性让农民工拥有流动机会，不过总体来说农民工职业代际流动性相对还是较弱的，尚存有很大的提升空间。

3. 职业代际流动方向分析。根据前面职业矩阵分布情况，通过对比父母与子代职业的总体情况，若农民工职业层级均高于父亲和母亲所在职业层级时，则视为职业代际向上流动；若农民工职业层级与父母所在职业层级相同时，则意味着职业代际继承；若农民工职业层级均高于父母所在职业层级时，则视为职业代际向下流动。本书将职业层级相同和职业代际向下流动同时视为非向上流动，即用其他情况来表示。

表7-6中汇报了CLDS调查数据中，农民工职业代际流动情况。根据表中数据可知，相对于父母，农民工职业向上流动的比例为74.11%，有3 887个样本；平行流动或向下流动的样本有1 358个，占比为25.89%。当然，以上分析属于统计上的初步判断，至于教育人力资本传承对职业代际流动的影响效应，还需通过构建计量模型作进一步的实证分析验证。

表7-6　　　　　　　　农民工职业代际流动基本情况

职业代际流动	频次（人次）	比重（%）
向上流动	3 887	74.11
其他	1 358	25.89
合计	5 245	100.00

资料来源：根据CLDS 2018年计算整理。

（二）父母受教育程度对农民工职业代际流动影响的样本描述性统计

父母受教育程度对农民工职业代际流动影响的相关变量的描述性统计结果见表7-7。

表7-7　　　父母受教育程度对农民工职业代际流动影响变量的基本描述性统计

变量名	样本量	均值	标准差
职业代际流动	5 245	0.7411	0.4381
父母受教育程度	5 872	3.7134	3.4679
年龄	7 921	42.5294	13.4932
性别	7 921	0.4542	0.4979
婚姻	7 921	0.8406	0.3661
技能水平	7 908	0.1703	0.3759
农民工受教育程度	7 885	8.6864	4.0957
身体健康	7 908	0.6224	0.4848
社会网络	7 693	14.0096	64.0058
自有住房	7 921	0.3616	0.4805
家庭收入	7 762	72 876.9300	110 361.8000
父亲政治面貌	5 793	0.1184	0.3231
母亲政治面貌	5 706	0.0110	0.1045
东部地区	7 921	0.5465	0.4979
中部地区	7 921	0.2144	0.4104

资料来源：根据CLDS 2018年计算整理。

（三）　农民工受教育程度对其职业代际流动影响的样本描述性统计

农民工受教育程度对其职业代际流动影响相关变量的描述性统计见表7-8。

表7-8　农民工受教育程度对其职业代际流动影响变量的基本描述性统计

变量名	样本量	均值	标准差
职业代际流动	5 245	0.7411	0.4381
农民工受教育程度	7 885	8.6864	4.0957
性别	7 921	0.4542	0.4979
婚姻	7 921	0.8406	0.3661
技能水平	7 908	0.1703	0.3759
兄弟姐妹数量	7 909	3.0376	2.0096
心理健康	7 906	27.3342	9.2539
社会网络	7 693	14.0096	64.0058
居住变迁	7 913	0.2469	0.4313

变量名	样本量	均值	标准差
务工收入	4 362	14 462.1600	52 836.3000
东部地区	7 921	0.5465	0.4979
中部地区	7 921	0.2144	0.4104

资料来源：根据 CLDS 2018 年计算整理。

二、实证结果估计与分析

（一）父母受教育程度对农民工职业代际流动的影响

1. 基本结果。因变量"职业代际流动"为二元虚拟变量，故此部分工具变量法采用 IVProbit 模型，选取"所在社区其他父母平均受教育程度"为工具变量。由于 Probit 模型估计系数不代表自变量对因变量的边际效应，为了进一步分析父母受教育程度对农民工职业代际流动的影响效应，需要对其进行转换。具体结果见表 7 – 9，表 7 – 9（1）列展示了父母平均受教育程度对农民工职业代际流动影响的模型估计结果，表 7 – 9（2）列展示了父母受教育程度对农民工职业代际流动影响的边际效应。

表 7 – 9　　父母受教育程度对农民工职业代际流动影响的模型估计结果（1）

	（1）职业代际流动	（2）边际效应
父母受教育程度	0.5400 ***	0.1530 ***
	（0.1500）	（0.0388）
父母受教育程度的平方	− 0.0566 ***	− 0.0160 ***
	（0.0133）	（0.0034）
年龄	− 0.0136 **	− 0.0039 *
	（0.0069）	（0.0020）
性别	0.2260 ***	0.0638 ***
	（0.0611）	（0.0182）
婚姻	− 0.0504	− 0.0143
	（0.1010）	（0.0286）
技能水平	− 0.0314	− 0.0089
	（0.0679）	（0.0193）

续表

	（1） 职业代际流动	（2） 边际效应
农民工受教育程度	0.0216	0.00611
	(0.0170)	(0.0049)
身体健康	0.2000 ***	0.0567 ***
	(0.0692)	(0.0205)
社会网络	0.0004	0.0001
	(0.0004)	(0.0001)
自有住房	− 0.0824 *	− 0.0233 *
	(0.0491)	(0.0141)
家庭收入	3.80e − 07 *	1.08e − 07 *
	(2.14e − 07)	(6.11e − 08)
父亲政治面貌	− 0.5420 ***	− 0.1530 ***
	(0.0984)	(0.0305)
母亲政治面貌	− 0.2370	− 0.0672
	(0.2570)	(0.0735)
东部地区	0.0509	0.0144
	(0.0685)	(0.0196)
中部地区	− 0.0320	− 0.00906
	(0.0710)	(0.0201)
Constant	0.253	
	(0.488)	
Log likelihood	− 6 826.8945	
Wald chi2 （15）	780.0400	
Prob > chi2	0.0000	
样本量	3 278	3 278

注：＊＊＊、＊＊、＊分别表示在1%、5%和10%的显著性水平，括号中数字代表标准误。

回归方程（1）、回归方程（2）表明，父母受教育程度对农民工职业代际流动的影响为非线性关系，根据二次项系数显示，父母受教育程度与农民工职业代际流动呈现为倒"U"型关系，且在1%的统计水平上显著。根据求"U"型拐点的方法，即求一阶导数，令它等于零的点。求拐点公式为b/2a，即一次项系数/（2×二次项系数）。根据上述求拐点方法，表7-9的回归方程（1）"U"型的拐点为4.77，回归方程（2）"U"型的拐点为4.78。

根据表7-9中回归方程（1）、回归方程（2）显示，父母受教育程度对农民工职业代际流动的影响在父母小学毕业前后出现拐点：父母在小学及以下受教育程度时，父母受教育程度对农民工职业代际流动的影响为正，随着父母受教育程度的提升，农民工职业代际流动逐渐提升；当父母在小学以上受教育程度时，父母受教育程度对农民工职业代际流动的影响为负，随着父母受教育程度的提升，农民工职业代际流动逐渐降低。农民工职业代际流动主要表现为农民工对其父母职业地位的跨越程度，受到父母职业地位基础和农民工自身职业地位到达两方面因素的影响。由于教育人力资本对职业发展影响的直接性，随着父母受教育程度的提升，对子女职业代际流动的促进作用是显而易见的。不过，倘若父母职业地位越高，子女要跨越父母职业地位实现代际流动的难度也就越大。因此，父母受教育程度对农民工职业代际流动的影响也是有限的。在20世纪七八十年代，对于小学毕业上了初中的父母而言，他们的职业起点可能更高，因此，对于能够小学毕业并进入初中学习，最后拥有初中及以上文化程度的父母来说，农民工子女职业代际流动随着父母受教育程度的上升反而会下降。

对于控制变量，可以看到，农民工年龄对职业代际流动的影响显著为负。边际效应结果显示，在其他因素保持不变的情况下，农民工年龄每增加一岁，其发生职业代际流动就会降低0.39%。之所以出现上述结果，笔者认为主要是随着年龄的增加，农民工职业越趋向稳定，其发生职业代际流动的可能性越来越低。从农民工性别来看，农民工性别对职业代际流动的影响显著为正，且在1%的统计水平上显著。边际效应计算结果显示，在其他条件保持不变的前提下，相对于女性农民工而言，男性农民工职业代际流动的概率提升6.38%。之所以出现上述结果，主要是受到中国社会传统的影响，相对于女性，男性承担更多的家庭目标和期望，家庭对其资源投资相比于女性会更多，因为其发生职业代际流动的概率会更高。

此外，农民工健康情况与职业代际流动存在显著的正向关系，且在1%的统计水平上显著。从边际效应计算结果来看，当其他条件保持不变时，相比于身体不健康的农民工而言，身体健康的农民工，其发生职业代际流动的概率提升5.67%。俗话说："身体是革命的本钱"，之所以出现上述结果，主要是健康状况直接影响农民工职业选择的可能性，当身体有恙时，就会严重影响其职业代际流动的选择性。农民工家庭房产情况显著影响其职业代际流动，从边际效应结果来看，相对于没有房产的农民工，有房产的农民工其职业代际流动的概率降低0.23%。农民工收入水平显著影响其职业代际流动概率，且在10%的统计水平上显著为正。父亲是否是党员对农民工职业代际流动具有显著的负向影响，且在1%的统计水平上显著。从边际效应结果来看，在其他因素保持不变的情况下，相对于父亲不是党员，父亲是党员的农民工，其职业代际流动概率降低15.30%。之所以出现上述结果，笔者认为，在广大农村地区，如果父亲是党员，其职业层级一般也较高，其子女职业层级想要超越父辈的可能性一般也较低。

对于其他控制变量，如农民工婚姻状况、农民工技能培训、母亲是否是党员等回归系数为负，说明对农民工职业代际流动的提升起到一定程度的制约，但在统计上均不显著。

2. 稳健性检验。在父母受教育程度对农民工职业代际流动影响的基准回归中，采用CLDS 2018年调研数据，使用工具变量法进行回归，结果发现，父母受教育程度对农民工职业代际流动影响呈现倒"U"型关系。以下采用更换可替代因变量和更换不同数据两种方法进行稳健性检验。

第一，在基准回归中，因变量"职业代际流动"使用的是农民工相对于父亲和母亲双方的结果，当农民工职业层级相对于父母均高时赋值为1，否则赋值为0，这是比较严格的职业代际流动界定。如果因变量"职业代际流动"界定为农民工职业层级相对于父母任何一方高，即可认定为发生职业代际流动，若这个因变量回归结果跟基准回归结果一致，基准回归结果则更加稳健。

从表7-10中可以看出，无论是回归方程（1）还是回归方程（2），二次项系数均表明父母受教育程度与农民工职业代际流动为非线性关系，呈现倒"U"型关系，且统计上显著。根据求"U"型拐点的方法，即求一阶导数，令它等于零的点。求拐点公式为b/2a，即一次项系数/（2×二次项系数）。根据上述求拐点方法，表7-10的回归方程（1）"U"型的拐点为5.02，回归方程（2）"U"型的拐点为5.00。上述结果表明，扩大因变量界定范围，父母受教育程度与农民工职业代际流动仍然呈现倒"U"型关系，而且同样在父母小学毕业前后出现拐点。

表7-10 父母受教育程度对农民工职业代际流动影响的模型估计结果（2）

	（1） 职业代际流动	（2） 边际效应
父母受教育程度	0.5890 ***	0.1200
	（0.2230）	（0.0765）
父母受教育程度的平方	-0.0587 ***	-0.0120 *
	（0.0192）	（0.0070）
年龄	0.0185 ***	0.0038 **
	（0.0040）	（0.0015）
性别	0.0684	0.0139
	（0.0704）	（0.0150）
婚姻	0.0806	0.0164
	（0.1380）	（0.0290）
技能水平	-0.1620	-0.0329 *
	（0.1030）	（0.0171）
农民工受教育程度	-0.0094	-0.0019
	（0.0191）	（0.0043）
身体健康	0.0217	0.0044
	（0.0740）	（0.0149）
社会网络	0.0002	3.36e-05
	（0.0006）	（0.0001）
自有住房	-0.0312	-0.0064
	（0.0702）	（0.0142）
务工收入	-9.72e-07 **	-1.98e-07 **
	（4.49e-07）	（9.56e-08）
父亲政治面貌	-0.3840 ***	-0.0783 ***
	（0.1180）	（0.0190）
母亲政治面貌	-0.1310	-0.0268
	（0.4270）	（0.0816）
东部地区	-0.0008	-0.0002
	（0.0934）	（0.0191）
中部地区	0.0137	0.0028
	（0.1080）	（0.0221）
Constant	-0.4000	
	（0.7130）	
Log likelihood	-4 213.4048	
Wald chi2 （15）	237.6200	
Prob > chi2	0.0000	
样本量	2 310	2 310

注：***、**、*分别表示在1%、5%和10%的显著性水平，括号中数字代表标准误。

第二，如果父母受教育程度对农民工职业代际流动的影响是稳健的，那么使用其他年份的调研数据也应该能得到检验。因此，本书将采用CLDS 2014 年数据，使用工具变量法来对父母受教育程度与农民工职业代际流动两者的关系进行稳健性检验。

从表 7-11 中可以看出，无论是回归方程（1）还是回归方程（2），二次项系数均表明父母受教育程度与农民工职业代际流动为非线性关系，呈现倒"U"型关系，且在 1% 的统计水平上显著。根据求"U"型拐点的方法，即求一阶导数，令它等于零的点。求拐点公式为 b/2a，即一次项系数/（2×二次项系数）。根据上述求拐点方法，表 7-11 的回归方程（1）"U"型的拐点为 3.90，回归方程（2）"U"型的拐点为 3.91。上述结果表明，更换成 CLDS 2014 年数据，父母受教育程度对农民工职业代际流动影响同样稳健。

表 7-11　　父母受教育程度对农民工职业代际流动影响的模型估计结果（3）

	（1） 职业代际流动	（2） 边际效应
父母受教育程度	0.2100 **	0.0703 ***
	(0.0823)	(0.0269)
父母受教育程度的平方	− 0.0269 ***	− 0.0090 ***
	(0.0074)	(0.0024)
年龄	− 0.0054 *	− 0.0018 *
	(0.0028)	(0.0009)
性别	0.0743 **	0.0249 **
	(0.0342)	(0.0115)
婚姻	0.3770 ***	0.1260 ***
	(0.0556)	(0.0191)
技能水平	0.1470 ***	0.0492 ***
	(0.0490)	(0.0164)
农民工受教育程度	0.0558 ***	0.0187 ***
	(0.0072)	(0.0025)
身体健康	0.2320 ***	0.0777 ***
	(0.0355)	(0.0118)
社会网络	0.0002	$6.59e-05$
	(0.000283)	$(9.48e-05)$

续表

	(1) 职业代际流动	(2) 边际效应
自有住房	-0.112*** (0.0425)	-0.0377*** (0.0143)
家庭收入	-3.48e-08 (1.23e-07)	-1.17e-08 (4.11e-08)
父亲政治面貌	-0.439*** (0.0559)	-0.147*** (0.0183)
母亲政治面貌	-0.0343 (0.1410)	-0.0115 (0.0473)
东部地区	0.0492 (0.0437)	0.0165 (0.0147)
中部地区	0.0464 (0.0529)	0.0156 (0.0177)
Constant	-0.3440* (0.1940)	
Log likelihood	-1 3921.2980	
Wald chi2 (15)	584.7800	
Prob > chi2	0.0000	
样本量	6 476	6 476

注：***、**、*分别表示在1%、5%和10%的显著性水平，括号中数字代表标准误。

综上所述，上述结果充分说明，父母受教育程度对农民工职业代际流动的影响是稳健的。

3. 异质性分析。针对不同特征的农民工、不同特征的父母与职业代际流动关系的分析将有助于细致而全面识别不同群体的差异性，进一步深入探讨父母受教育程度对农民工职业代际流动的影响，也有助于未来相关社会支持政策制定的目标对象的选择。

（1）基于农民工性别的异质性效应分析。从表7-12可以看出，女性农民工样本的回归结果更加显著，估计系数更大，说明父母受教育程度对女性农民工职业代际流动影响大于男性农民工。

表 7-12　　　　　基于农民工性别异质性效应的模型估计结果

	男性		女性	
	(1)	**(2)**	**(3)**	**(4)**
	职业代际流动	边际效应	职业代际流动	边际效应
父母受教育程度	0.2020	0.0559	0.8220 ***	0.2150 ***
	(0.2040)	(0.0573)	(0.0766)	(0.0191)
父母受教育程度的平方	−0.0273	−0.0075	−0.0772 ***	−0.0202 ***
	(0.0203)	(0.0057)	(0.0053)	(0.0013)
年龄	−0.0191 ***	−0.0053 ***	0.0060	0.0016
	(0.0051)	(0.0014)	(0.0107)	(0.0028)
婚姻	0.0814	0.0225	−0.0710	−0.0185
	(0.1620)	(0.0448)	(0.1330)	(0.0347)
技能水平	−0.0262	−0.0073	0.1170	0.0306
	(0.1010)	(0.0279)	(0.0954)	(0.0249)
农民工受教育程度	0.0445 **	0.0123 ***	−0.0249	−0.0065
	(0.0176)	(0.0047)	(0.0203)	(0.0053)
身体健康	0.2450 ***	0.0678 ***	0.0821	0.0214
	(0.0902)	(0.0244)	(0.0986)	(0.0258)
社会网络	0.0010	0.0003	−3.82e−05	−9.97e−06
	(0.0007)	(0.0002)	(0.0004)	(0.0001)
自有住房	−0.0712	−0.0197	−0.0081	−0.0021
	(0.0782)	(0.0217)	(0.0659)	(0.0172)
家庭收入	−1.24e−07	−3.43e−08	6.56e−07	1.71e−07
	(2.77e−07)	(7.66e−08)	(4.90e−07)	(1.28e−07)
父亲政治面貌	−0.7410 ***	−0.2050 ***	−0.2190	−0.0571
	(0.110)	(0.0290)	(0.1580)	(0.0413)
母亲政治面貌	−0.6040	−0.1670	0.0733	0.0191
	(0.4680)	(0.1290)	(0.2620)	(0.0685)
东部地区	0.0431	0.0119	−0.0106	−0.0028
	(0.1010)	(0.0278)	(0.0831)	(0.0217)
中部地区	−0.0370	−0.0102	0.0259	0.0068
	(0.1210)	(0.0336)	(0.0807)	(0.0210)
Constant	1.0930 ***		−1.0310	
	(0.4220)		(0.649)	
Log likelihood	−2 870.6639		−3 899.8798	
Wald chi2 (14)	138.1700		2 047.8500	
Prob > chi2	0.0000		0.0000	
样本量	1 413	1 413	1 865	1 865

注：*** 、** 分别表示在 1% 、5% 的显著性水平，括号中数字代表标准误。

之所以出现上述结果，主要是因为农民工原生家庭多数为农民，各方面条件有限，在家庭资源紧缺的情况下，资源多优先给予男性。而当父母受教育程度提高时，家庭资源约束得以放松时，也会同时顾及女性，因此更有利于其职业代际流动的发生。

（2）基于新生代和老一代农民工的异质性效应分析。借鉴相关研究文献，本书将在 2018 年这一调查年份年龄等于或大于 38 岁的农民工界定为老一代农民工，而低于 38 岁的农民工界定为新生代农民工，以此来判别父母受教育程度对不同时代农民工职业代际流动的影响是否存在异质性。从表 7-13 回归结果可知，相对于新生代农民工，父母受教育程度对老一代农民工职业代际流动的影响更大，且在 1% 的统计水平上显著。出现上述结果的原因，笔者认为，主要是相对于新一代农民工父母受教育程度普遍不同，老一代农民工父母受教育程度比较低，教育程度的提升对子女职业带来的影响比较明显。

表 7-13　　基于新生代和老一代农民工异质性效应的模型估计结果

| | 老一代农民工（≥38） | | 新生代农民工 | |
| | (1) | (2) | (3) | (4) |
	职业代际流动	边际效应	职业代际流动	边际效应
父母受教育程度	0.6830 ***	0.1970 ***	-0.1200	-0.0297
	(0.1240)	(0.0289)	(0.5920)	(0.1500)
父母受教育程度的平方	-0.0754 ***	-0.0218 ***	0.0047	0.0012
	(0.0124)	(0.0029)	(0.0466)	(0.0116)
性别	0.1650 ***	0.0477 ***	-0.1250	-0.0309
	(0.0595)	(0.0181)	(0.1450)	(0.0376)
婚姻	-0.0617	-0.0178	-0.3060	-0.0755
	(0.1090)	(0.0317)	(0.2510)	(0.0662)
技能水平	0.0154	0.0044	-0.2150	-0.0531
	(0.0743)	(0.0215)	(0.1330)	(0.0351)
农民工受教育程度	0.0197	0.0057	0.0102	0.0025
	(0.0218)	(0.0065)	(0.0340)	(0.0086)
身体健康	0.2140 **	0.0617 **	0.0492	0.0121
	(0.0949)	(0.0291)	(0.1360)	(0.0339)

续表

	老一代农民工（≥38）		新生代农民工	
	(1)	(2)	(3)	(4)
	职业代际流动	边际效应	职业代际流动	边际效应
社会网络	0.0003	8.67e−05	0.0007	0.0002
	(0.0004)	(0.0001)	(0.0013)	(0.0003)
自有住房	−0.0576	−0.0166	−0.1520	−0.0374
	(0.0515)	(0.0151)	(0.1190)	(0.0286)
家庭收入	3.78e−07	1.09e−07	3.93e−07	9.71e−08
	(2.31e−07)	(6.80e−08)	(5.33e−07)	(1.32e−07)
父亲政治面貌	−0.4260***	−0.1230***	−0.6400***	−0.1580***
	(0.1260)	(0.0399)	(0.1900)	(0.0383)
母亲政治面貌	−0.3560	−0.1030	−0.7300	−0.1800
	(0.2550)	(0.0747)	(0.7290)	(0.1960)
东部地区	−0.0030	−0.0009	−0.0396	−0.0098
	(0.0711)	(0.0205)	(0.1370)	(0.0336)
中部地区	−0.0954	−0.0275	−0.0324	−0.0080
	(0.0748)	(0.0217)	(0.1800)	(0.0443)
Constant	−0.5290***		1.831	
	(0.1260)		(1.2120)	
Log likelihood	−5 228.14050		−1 415.2518	
Wald chi2（14）	884.3300		46.6200	
Prob > chi2	0.0000		0.0000	
样本量	2 497	2 497	781	781

注：***、**分别表示在1%、5%的显著性水平，括号中数字代表标准误。

（3）基于农民工父母职业层级的异质性效应分析。本书按照父母职业层次等级，对超过均值的样本划分为较高职业层级，而低于均值的样本就划为较低职业层级。表7-14回归结果显示，相对于父母职业层级较高，父母职业层级较低时，父母受教育程度对农民工职业代际流动的影响更为显著。之所以出现上述结果，可能的原因是教育对职业层级的跨度效应，对低层级职业更容易跨越，故随着父母受教育程度的提升，更容易促进职业代际流动。

表7－14　　基于农民工父母平均职业层级异质性效应的模型估计结果

	职业层级较高（>3）		职业层级较低（≤3）	
	（1）	（2）	（3）	（4）
	职业代际流动	边际效应	职业代际流动	边际效应
父母受教育程度	1.4890	0.4160	0.6640 ***	0.1940 ***
	(1.4250)	(0.4500)	(0.1600)	(0.0440)
父母受教育程度的平方	－0.1010	－0.0283	－0.0758 ***	－0.0222 ***
	(0.0873)	(0.0279)	(0.0161)	(0.0044)
年龄	－0.0141	－0.0039	－0.0125	－0.0036
	(0.0229)	(0.0059)	(0.0083)	(0.0025)
性别	0.1610 *	0.0449 *	0.2610 ***	0.0763 ***
	(0.0917)	(0.0231)	(0.0796)	(0.0239)
婚姻	－0.0141	－0.0039	－0.1010	－0.0295
	(0.1620)	(0.0453)	(0.1290)	(0.0379)
技能水平	－0.0977	－0.0273	0.1250	0.0367
	(0.1960)	(0.0517)	(0.0918)	(0.0270)
农民工受教育程度	0.0049	0.0014	0.0217	0.0064
	(0.0243)	(0.0066)	(0.0206)	(0.0061)
身体健康	0.1560	0.0436 *	0.1760 *	0.0516 *
	(0.1000)	(0.0250)	(0.1040)	(0.0309)
社会网络	0.0013	0.0004	0.0003	8.14e－05
	(0.0018)	(0.0005)	(0.0004)	(0.0001)
自有住房	－0.0619	－0.0173	－0.1000 *	－0.0293 *
	(0.1120)	(0.0298)	(0.0572)	(0.0168)
家庭收入	2.85e－07	7.95e－08	4.64e－07 *	1.36e－07 *
	(5.63e－07)	(1.49e－07)	(2.53e－07)	(7.45e－08)
父亲政治面貌	－0.4600	－0.1280	－0.4590 ***	－0.1340 ***
	(0.6250)	(0.1590)	(0.1010)	(0.0306)
母亲政治面貌	－0.0604	－0.0169	－0.6020	－0.1760
	(0.8420)	(0.2330)	(0.4130)	(0.1210)
东部地区	－0.0434	－0.0121	0.1350	0.0396
	(0.1030)	(0.0282)	(0.0860)	(0.0255)
中部地区	－0.0889	－0.0248	0.0402	0.0118
	(0.1680)	(0.0447)	(0.0827)	(0.0242)

	职业层级较高（>3）		职业层级较低（≤3）	
	（1） 职业代 际流动	（2） 边际效应	（3） 职业代 际流动	（4） 边际效应
Constant	−4.0110 (6.607)		0.1920 (0.497)	
Log likelihood	−1 522.6374		−4 015.7348	
Wald chi2（15）	310.8100		751.3400	
Prob > chi2	0.0000		0.0000	
样本量	1 255	1 255	2 023	2 023

注：＊＊＊、＊分别表示在1%、10%的显著性水平，括号中数字代表标准误。

此外，分别对比父亲职业层级和母亲职业层级的异质性效应，从表7－15回归结果显示，相对于父亲职业层级高的农民工群体，父亲职业层级低的农民工群体影响效应更明显；而对于母亲职业层级，无论母亲职业层级高低，其受教育程度都对农民工职业代际流动产生重要影响，可能是因为母亲仍然是照顾和教育孩子的主力军，无论职业层级高低，只要提升其教育水平，都会将有更多回馈到后代的培养中，从而对子女职业代际流动的影响效应更大。

（4）基于农民工技能水平的异质性效应分析。农民工技能水平的高低一方面取决于农民工本身所具有的技能，主要可以通过"是否获得职业资格证书"来衡量；另一方面取决于工作过程中继续学习的情况，可通过"是否参加技能培训"来衡量。故本书按照农民工是否获得职业资格证书、是否参加过技能培训等作为判断技能水平高低的标准，把农民工分为高技能农民工群体和低技能农民工群体两类。表7－16回归结果显示，父母受教育程度提升无论对高技术农民工还是低技能农民工职业代际流动均产生显著影响，但呈现出不同的规律性：针对高技术水平农民工，父母受教育程度与农民工职业代际流动呈现出正"U"型关系，而对低技术水平农民工，父母受教育程度与农民工职业代际流动呈现出倒"U"型关系。

表7-15　基于农民工父亲、母亲职业层级异质性效应的模型估计结果

	父亲职业层级高		父亲职业层级低		母亲职业层级高		母亲职业层级低	
	(1) 职业代际流动	(2) 边际效应	(3) 职业代际流动	(4) 边际效应	(5) 职业代际流动	(6) 边际效应	(7) 职业代际流动	(8) 边际效应
父母受教育程度	0.0154 (3.2060)	0.0050 (1.0420)	0.7260*** (0.0925)	0.1850*** (0.0237)	0.7660* (0.4030)	0.2150*** (0.0541)	0.4970*** (0.1670)	0.1360*** (0.0446)
父母受教育程度的平方	-0.0069 (0.2600)	-0.0022 (0.0848)	-0.0752*** (0.0087)	-0.0191*** (0.0022)	-0.0664*** (0.0234)	-0.0187*** (0.0015)	-0.0533*** (0.0158)	-0.0146*** (0.0042)
年龄	-0.0249 (0.0559)	-0.0081 (0.0173)	-0.0063 (0.0057)	-0.0016 (0.0014)	0.0132 (0.0163)	0.0037 (0.0037)	-0.0193*** (0.0071)	-0.0053*** (0.0020)
性别	0.0486 (0.2330)	0.0158 (0.0743)	0.2450*** (0.0698)	0.0623*** (0.0176)	0.2720 (0.1810)	0.0764* (0.0401)	0.2550*** (0.0662)	0.0700*** (0.0185)
婚姻	-0.5300 (1.5340)	-0.1720 (0.5150)	0.1420 (0.1000)	0.0360 (0.0255)	0.2530 (0.3170)	0.0712 (0.0811)	-0.0865 (0.1120)	-0.0238 (0.0308)
技能水平	0.0554 (0.1950)	0.0180 (0.0624)	0.0190 (0.0723)	0.0048 (0.0184)	-0.1050 (0.1660)	-0.0295 (0.0486)	0.0091 (0.0739)	0.0025 (0.0203)
农民工受教育程度	0.0082 (0.1540)	0.0027 (0.0496)	0.0207 (0.0166)	0.0053 (0.0042)	0.0072 (0.0686)	0.0020 (0.0198)	0.0276 (0.0177)	0.0076 (0.0049)
身体健康	-0.1770 (0.2920)	-0.0574 (0.1000)	0.1940** (0.0755)	0.0493*** (0.0191)	-0.0781 (0.1430)	-0.0219 (0.0391)	0.2320*** (0.0735)	0.0636*** (0.0206)
社会网络	0.0045 (0.0178)	0.0015 (0.0057)	0.0001 (0.0004)	$3.38e-05$ ($9.50e-05$)	-0.0040 (0.0041)	-0.0011 (0.0010)	0.0005 (0.0004)	0.0001 (0.0001)

续表

	父亲职业层级高		父亲职业层级低		母亲职业层级高		母亲职业层级低	
	(1) 职业代际流动	(2) 边际效应	(3) 职业代际流动	(4) 边际效应	(5) 职业代际流动	(6) 边际效应	(7) 职业代际流动	(8) 边际效应
自有住房	-0.1130 (0.2880)	-0.0367 (0.0903)	-0.0535 (0.0498)	-0.0136 (0.0127)	0.0011 (0.2530)	0.0003 (0.0713)	-0.0985* (0.0528)	-0.0271* (0.0146)
家庭收入	3.57e-07 (2.14e-06)	1.16e-07 (6.84e-07)	5.10e-07** (2.26e-07)	1.30e-07** (5.73e-08)	-1.95e-08 (7.51e-07)	-5.47e-09 (2.12e-07)	5.65e-07** (2.64e-07)	1.55e-07** (7.28e-08)
父亲政治面貌	-0.8810 (0.6990)	-0.2860 (0.1980)	-0.1000 (0.0848)	-0.0255 (0.0216)	-0.4330 (0.8780)	-0.1220 (0.2790)	-0.5250*** (0.0915)	-0.1440*** (0.0258)
东部地区	0.1090 (0.198)	0.0355 (0.0665)	0.0394 (0.0703)	0.0100 (0.0179)	0.0510 (0.3680)	0.0143 (0.1070)	0.0965 (0.0738)	0.0265 (0.0204)
中部地区	-0.0936 (0.3530)	-0.0304 (0.1120)	0.0278 (0.0740)	0.0071 (0.0188)	0.0626 (0.3230)	0.01760 (0.0941)	-0.0153 (0.0767)	-0.0042 (0.0211)
母亲政治面貌			-0.2290 (0.2630)	-0.0582 (0.0669)			0.0114 (0.2830)	0.00313 (0.0778)
Constant	1.5890 (5.8470)		-0.5210 (0.3420)		-2.0300 (1.3200)		0.5800 (0.4930)	
Log likelihood	-1037.4924		-5429.5392		-618.32614		-6027.3749	
Wald chi2 (15)	65.1900		1213.2000		223.5700		656.9900	
Prob > chi2	0.0000		0.0000		0.0000		0.0000	
样本量	485	485	2782	2782	283	283	2984	2984

注：***、**、*分别表示在1%、5%和10%的显著性水平，括号中数字代表标准误。

表 7-16 　　　　基于农民工技能水平异质性效应的模型估计结果

	高技能水平		低技能水平	
	（1）	（2）	（3）	（4）
	职业代际流动	边际效应	职业代际流动	边际效应
父母受教育程度	− 0.5620 ***	− 0.1600 **	0.5570 ***	0.1580 ***
	（0.1930）	（0.0649）	（0.1460）	（0.0381）
父母受教育程度的平方	0.0381 **	0.0108 **	− 0.0615 ***	− 0.0175 ***
	（0.0169）	（0.0055）	（0.0140）	（0.0036）
年龄	− 0.0206 ***	− 0.0059 ***	− 0.0195 ***	− 0.0055 ***
	（0.0052）	（0.0017）	（0.0064）	（0.0019）
性别	0.0533	0.0152	0.2660 ***	0.0756 ***
	（0.1220）	（0.0347）	（0.0609）	（0.0180）
婚姻	− 0.3460	− 0.0984	− 0.0733	− 0.0208
	（0.2230）	（0.0616）	（0.1100）	（0.0315）
农民工受教育程度	0.0323 *	0.0092 *	0.0213	0.0061
	（0.0182）	（0.0053）	（0.0166）	（0.0048）
身体健康	− 0.1260	− 0.0357	0.2480 ***	0.0704 ***
	（0.1280）	（0.0357）	（0.0758）	（0.0225）
社会网络	0.0021	0.0006	0.0004	0.0001
	（0.0017）	（0.0005）	（0.0004）	（0.0001）
自有住房	− 0.1790	− 0.0508	− 0.0433	− 0.0123
	（0.1450）	（0.0390）	（0.0527）	（0.0150）
家庭收入	$4.61e-07$	$1.31e-07$	$4.05e-07$ *	$1.15e-07$ *
	（$5.32e-07$）	（$1.49e-07$）	（$2.32e-07$）	（$6.64e-08$）
父亲政治面貌	− 0.7020 ***	− 0.1990 ***	− 0.4910 ***	− 0.1400 ***
	（0.2130）	（0.0498）	（0.0886）	（0.0266）
母亲政治面貌	− 1.2850 **	− 0.3650 **	− 0.6200 **	− 0.1760 **
	（0.5910）	（0.1790）	（0.2490）	（0.0714）
东部地区	0.3430 **	0.0975 **	0.0802	0.0228
	（0.1550）	（0.0468）	（0.0715）	（0.0205）
中部地区	0.3130 *	0.0888 *	− 0.0382	− 0.0109
	（0.1850）	（0.0537）	（0.0794）	（0.0226）
Constant	2.9060		0.5380	
	（0.0000）		（0.4260）	

续表

	高技能水平		低技能水平	
	（1）	**（2）**	**（3）**	**（4）**
	职业代际流动	边际效应	职业代际流动	边际效应
Log likelihood	－ 1 181.9725		－ 5 467.3671	
Wald chi2（14）	1 182.0300		691.2100	
Prob > chi2	0.0000		0.0000	
样本量	586	586	2 692	2 692

注：＊＊＊、＊＊、＊分别表示在1%、5%和10%的显著性水平，括号中数字代表标准误。

（5）基于区域差异的异质性效应分析。表7－17回归结果显示，父母受教育程度对农民工职业代际流动的影响存在区域差异，相对于中部地区而言，东部地区、西部地区影响效应更为显著。出现上述结果的主要原因是东西部地区作为农民工主要输出地，农民工职业代际流动效应相对更为明显。

表 7－17　　　　　　　基于区域异质性效应的模型估计结果

	东部		中部		西部	
	（1）	**（2）**	**（3）**	**（4）**	**（5）**	**（6）**
	职业代际流动	边际效应	职业代际流动	边际效应	职业代际流动	边际效应
父母受教育程度	0.6090＊＊＊ （0.1020）	0.1680＊＊＊ （0.0252）	－ 0.0581 （0.9030）	－ 0.0173 （0.2690）	0.6070＊＊＊ （0.1190）	0.1690＊＊＊ （0.0291）
父母受教育程度的平方	－ 0.0620＊＊＊ （0.0087）	－ 0.0172＊＊＊ （0.0021）	－ 0.0007 （0.0877）	－ 0.0002 （0.0261）	－ 0.0624＊＊＊ （0.0103）	－ 0.0174＊＊＊ （0.0025）
年龄	－ 0.0083 （0.0054）	－ 0.0023 （0.0015）	－ 0.0335＊＊ （0.0137）	－ 0.0100＊＊ （0.0042）	－ 0.0098 （0.00611）	－ 0.0027 （0.0018）
性别	0.1460＊＊ （0.0636）	0.0405＊＊ （0.0178）	0.4270＊＊＊ （0.1400）	0.1270＊＊＊ （0.0417）	0.2010＊＊＊ （0.0594）	0.0560＊＊＊ （0.0172）
婚姻	－ 0.0654 （0.1250）	－ 0.0181 （0.0345）	－ 0.0647 （0.3800）	－ 0.0193 （0.1130）	－ 0.0857 （0.1060）	－ 0.0239 （0.0297）
技能水平	－ 0.0569 （0.0823）	－ 0.0158 （0.0228）	0.1790 （0.2100）	0.0533 （0.0629）	－ 0.0363 （0.0743）	－ 0.0101 （0.0208）
农民工受教育程度	0.0124 （0.0154）	0.0034 （0.0043）	0.0592＊＊＊ （0.0205）	0.0176＊＊＊ （0.0061）	0.0104 （0.0167）	0.0029 （0.0047）

	东部		中部		西部	
	（1）	（2）	（3）	（4）	（5）	（6）
	职业代际流动	边际效应	职业代际流动	边际效应	职业代际流动	边际效应
身体健康	0.2090 ***	0.0579 ***	0.3260	0.0970	0.1910 ***	0.0531 ***
	（0.0703）	（0.0199）	（0.2090）	（0.0632）	（0.0681）	（0.0198）
社会网络	0.0006	0.0002	0.0005	0.0001	0.0004	0.0001
	（0.0006）	（0.0002）	（0.0010）	（0.0003）	（0.0005）	（0.0001）
自有住房	− 0.0925	− 0.0256	0.1400	0.0416	− 0.1080 *	− 0.0302 *
	（0.0666）	（0.0186）	（0.1340）	（0.0400）	（0.0571）	（0.0162）
家庭收入	1.38e − 07	3.83e − 08	1.17e − 06	3.47e − 07	3.01e − 07	8.40e − 08
	（2.29e − 07）	（6.35e − 08）	（8.95e − 07）	（2.63e − 07）	（2.20e − 07）	（6.18e − 08）
父亲政治面貌	− 0.4880 ***	− 0.1350 ***	− 0.9210 ***	− 0.2740 ***	− 0.4470 ***	− 0.1240 ***
	（0.1180）	（0.0340）	（0.2630）	（0.0726）	（0.0994）	（0.0296）
母亲政治面貌	− 0.2610	− 0.0722			0.0285	0.0080
	（0.3110）	（0.0865）			（0.2650）	（0.0737）
Constant	− 0.0077		1.4840		0.1020	
	（0.4030）		（1.6910）		（0.4420）	
Log likelihood	− 4 105.4496		− 1 212.9043		− 5 591.6965	
Wald chi2 （13）	564.7000		102.7400		731.1200	
Prob > chi2	0.0000		0.0000		0.0000	
样本量	1 987	1 987	582	582	2 692	2 692

注：＊＊＊ 、＊＊ 、＊分别表示在1%、5%和10%的显著性水平，括号中数字代表标准误。

（二） 农民工受教育程度对其职业代际流动的影响

1. 基本结果。因为因变量"职业代际流动"为二元虚拟变量，故此部分工具变量法使用的是 IVProbit 模型，选取"所在家庭最近一所初中的距离"为工具变量。由于 Probit 模型的估计系数不代表自变量对因变量的边际效应，为了进一步分析农民工受教育程度对其职业代际流动的影响效应，需要对其进行转换（具体结果见表 7 - 18）。表 7 - 18 的（1）列展示了农民工受教育程度对其职业代际流动影响的模型估计结果，表 7 - 18 的（2）列展示了农民工受教育程度对其职业代际流动影响的边际效应。

表 7 – 18　　农民工受教育程度对其职业代际流动影响的模型估计结果（1）

	（1） 职业代际流动	（2） 边际效应
农民工受教育程度	0.8760 ***	0.2590 **
	(0.1890)	(0.1060)
农民工受教育程度的平方	– 0.0426 ***	– 0.0126 **
	(0.0090)	(0.0051)
性别	– 0.2490 ***	– 0.0736 *
	(0.0916)	(0.0400)
婚姻	– 0.1140	– 0.0339
	(0.0922)	(0.0321)
技能水平	– 0.0780	– 0.0231
	(0.1230)	(0.0325)
兄弟姐妹数量	0.0476 ***	0.0141 ***
	(0.0139)	(0.0039)
心理健康	– 0.0029	– 0.0008
	(0.0033)	(0.0009)
社会网络	– 0.0002	– 6.72e – 05
	(0.0003)	(7.64e – 05)
居住变迁	– 0.0024	– 0.0007
	(0.05490)	(0.01620)
务工收入	– 4.47e – 07	– 1.32e – 07
	(4.33e – 07)	(1.25e – 07)
东部地区	– 0.1320 *	– 0.0392 **
	(0.0718)	(0.0188)
中部地区	– 0.2330 ***	– 0.0689 ***
	(0.0775)	(0.0240)
Constant	– 3.1740 **	
	(1.3330)	
Log likelihood	– 4 693.7850	
Wald chi2 （12）	324.3800	
Prob > chi2	0.0000	
样本量	2 500	2 500

注：***、**、*分别表示在1%、5%和10%的显著性水平，括号中数字代表标准误。

回归方程（1）、回归方程（2）表明，农民工受教育程度对其职业代际流动的影响为非线性关系；根据二次项系数显示，农民工受教育程度与其职业代际流动呈现为倒"U"型关系，且在1%的统计水平上显著。根据求"U"型拐点的方法，即求一阶导数，令它等于零的点。求拐点公式为 b/2a，即一次项系数/（2 × 二次项系数）。根据上述求拐点方法，表7-18的回归方程（1）"U"型的拐点为9.52，回归方程（2）"U"型的拐点为10.28。

因此，根据表7-18中回归方程（1）、回归方程（2）显示，农民工受教育程度对其职业代际流动的影响在初中毕业前后出现拐点：在初中及以下受教育程度时，农民工受教育程度对其职业代际流动的影响为正，随着受教育程度的提升，农民工职业代际流动概率逐步提升；当父母在初中及以上受教育程度时，农民工受教育程度对其职业代际流动的影响为正，随着受教育程度的提升，农民工职业代际流动的概率逐渐下降。农民工职业代际流动是受到父母职业地位基础和个人职业地位达到双重作用的结果。根据人力资本理论，随着个体受教育程度的提升，人力资本积累提升，进而促进其职业代际流动。但由于职业发展同样受到人力资本、社会资本、文化资本等多种因素的影响，故人力资本的影响也不是没有限度的，再加上社会现实中一般拥有更高职业地位的父母对子女教育投资资源也更丰富，可子女跨越父母职业地位的难度也越大。因此，针对初中毕业走向高中教育阶段的农民工群体而言，其职业代际流动反而随着教育程度的提升而下降。

对于控制变量，从农民工性别来看，农民工性别对职业代际流动的影响显著为负，且在统计上显著。边际效应计算结果显示，在其他条件保持不变的前提下，相对于女性农民工而言，男性农民工职业代际流动的概率降低7.36%。农民工兄弟姐妹数量显著影响职业代际流动的概率，从边际效应结果来看，兄弟姐妹数每增加1个，农民工发生职业代际流动的概率就提升1.41%。之所以出现上述结果，可能的原因是在过去的这些年，农民工寻求工作的信息渠道大多还是通过熟人关系来介绍，当兄弟姐妹更多的时候，一方面能够得到的就业渠道、务工信息则会更多，另一方面兄弟姐妹之间还会相互扶持、互相帮助，从而更有可能整体促进职业代际流动。

基于区域差异，相对于西部地区而言，东部、中部地区农民工职业代际流动显著为负。从边际效应计算结果来看，相对于西部地区，东部地区农民工发生职业代际流动的概率降低 3.92%；中部地区农民工发生职业代际流动概率降低 6.89%。归其原因，主要是东部、中部地区经济发展水平较高，家庭收入较高，相对于西部来说，其发生职业代际流动的概率就会偏低一些。

对于其他控制变量，如农民工婚姻状况、农民工技能培训、健康情况、收入以及社会网络数量、居住变迁等回归系数为负，说明对农民工职业代际流动提升起到一定的制约作用，但在统计上均不显著。

2. 稳健性检验。在农民工受教育程度对其职业代际流动影响的基准回归中，采用 CLDS 2018 年调研数据，使用工具变量法进行回归，结果发现农民工受教育程度对其职业代际流动影响呈现倒"U"型关系。以下采用更换可替代因变量和数据两种方法进行稳健性检验。

第一，在基准回归中，因变量"职业代际流动"使用的是农民工相对于父亲和母亲双方的结果，当农民工职业层级相对于父母均高时赋值为 1，否则赋值为 0，这是比较严格的职业代际流动界定。如果因变量"职业代际流动"界定为农民工职业层级相对于父母任何一方高，即可认定为发生职业代际流动，因为在实践中只要是比父母其中一方能够更高也能从某种意义上来说是实现了职业层级的变动，若这个因变量回归结果跟基准回归结果一致，则让基准回归结果更具稳健性。

从表 7-19 中可以看出，无论是回归方程（1）还是回归方程（2），二次项系数均表明农民工受教育程度与其职业代际流动为非线性关系，呈现倒"U"型关系，且统计上显著。根据求"U"型拐点的方法，表 7-19 的回归方程（1）"U"型的拐点为 10.35，回归方程（2）"U"型的拐点为 10.38。上述结果表明，即便是扩大因变量界定范围，农民工受教育程度与其职业代际流动仍然呈现倒"U"型关系，且同样在初中毕业前后出现拐点。

表 7-19　　农民工受教育程度对其职业代际流动影响的模型估计结果（2）

	（1） 职业代际流动	（2） 边际效应
农民工受教育程度	0.9170 *** (0.1560)	0.2450 * (0.1310)
农民工受教育程度的平方	−0.0443 *** (0.0079)	−0.0118 * (0.0064)

	（1） 职业代际流动	（2） 边际效应
性别	−0.2650**	−0.0705
	(0.1250)	(0.0580)
婚姻	−0.1830	−0.0487
	(0.1140)	(0.0452)
技能水平	−0.0699	−0.0186
	(0.1190)	(0.0260)
兄弟姐妹数量	0.0050	0.0013
	(0.0142)	(0.0036)
心理健康	0.0002	$5.63e-05$
	(0.0033)	(0.0009)
社会网络	$-8.70e-05$	$-2.32e-05$
	(0.0005)	(0.0001)
居住变迁	0.0371	0.0099
	(0.0630)	(0.0191)
务工收入	$-6.43e-07$	$-1.71e-07$
	$(5.82e-07)$	$(1.22e-07)$
东部地区	−0.1410**	−0.0376*
	(0.0675)	(0.0223)
中部地区	−0.2570***	−0.0686**
	(0.0816)	(0.0322)
Constant	−3.7510***	
	(1.0700)	
Log likelihood	−4 174.7546	
Wald chi2 (14)	711.9000	
Prob > chi2	0.0000	
样本量	2 453	2 453

注：***、**、*分别表示在1%、5%和10%的显著性水平，括号中数字代表标准误。

第二，如果农民工受教育程度对其职业代际流动的影响是稳健的，那么使用其他类型或者不同时间的调研数据也应该能得到检验。因此，本书将采用 CLDS 2014 年数据，使用工具变量法来对农民工受教育程度与其职业代际流动两者的关系进行稳健性检验。

从表 7-20 中可以看出，无论是回归方程（1）还是回归方程（2），二次项系数均表明农民工受教育程度与其职业代际流动为非线性关系，呈现倒"U"型关系，且在1%的统计水平上显著。根据求"U"型拐点的方法，表7-20的回归方程（1）"U"型的拐点为9.55，回归方程（2）"U"型的拐点为9.54。上述结果表明，换成CLDS 2014年数据，农民工受教育程度对其职业代际流动影响在初中毕业前后出现拐点。综上所述，农民工受教育程度对其职业代际流动的影响是稳健的。

表7-20　　农民工受教育程度对其职业代际流动影响的模型估计结果（3）

	（1） 职业代际流动	（2） 边际效应
农民工受教育程度	0.9170 ***	0.2900 ***
	(0.1590)	(0.0743)
农民工受教育程度的平方	-0.0480 ***	-0.0152 ***
	(0.0082)	(0.0039)
性别	-0.2550 ***	-0.0809 ***
	(0.0297)	(0.0114)
婚姻	-0.0324	-0.0102
	(0.1740)	(0.0560)
技能水平	0.1550 ***	0.0490 ***
	(0.0399)	(0.0131)
兄弟姐妹数量	0.0463 **	0.0146 ***
	(0.0213)	(0.0056)
心理健康	-0.0242	-0.0077
	(0.0836)	(0.0259)
社会网络	0.0003	0.0001
	(0.0007)	(0.0002)
居住变迁	-0.0346	-0.0109
	(0.0314)	(0.0099)
务工收入	$-2.94e-07$ *	$-9.29e-08$ *
	$(1.69e-07)$	$(5.51e-08)$
东部地区	0.0136	0.0043
	(0.0867)	(0.0278)
中部地区	-0.0335	-0.0106
	(0.0545)	(0.0177)
Constant	-3.5960 ***	
	(0.8410)	
Log likelihood	-1 0457.1190	

续表

	(1) 职业代际流动	(2) 边际效应
Wald chi2（12）	1 526. 2300	
Prob > chi2	0. 0000	
样本量	5 224	5 224

注：***、**、*分别表示在1%、5%和10%的显著性水平，括号中数字代表标准误。

3. 异质性分析。针对不同特征的农民工、不同特征的父母与职业代际流动关系的分析将有助于细化分析，识别不同群体的差异性，进一步深入探讨农民工受教育程度对其职业代际流动的影响，也有助于未来相关社会支持政策制定的目标选择。

（1）基于农民工性别的异质性效应分析。从表7-21可以看出，农民工受教育程度对其职业代际流动的影响不存在性别差异。之所以出现上述结果，主要是因为我国职业选择的社会环境相对公平，故不同性别的教育回报率差异不大。

表7-21　　　　基于农民工性别异质性效应的模型估计结果

	男性		女性	
	(1) 职业代际 流动	(2) 边际效应	(3) 职业代际 流动	(4) 边际效应
农民工受教育程度	- 0. 0900 * (0. 0485)	- 0. 0203 * (0. 0112)	0. 3270 (0. 9670)	0. 0792 (0. 2380)
农民工受教育 程度的平方	0. 0036 (0. 0026)	0. 0008 (0. 0006)	- 0. 0170 (0. 0492)	- 0. 0041 (0. 0121)
婚姻	0. 0900 (0. 1160)	0. 0202 (0. 0262)	- 0. 1100 (0. 4330)	- 0. 0267 (0. 1060)
技能水平	- 0. 2150 ** (0. 0972)	- 0. 0485 ** (0. 0218)	- 0. 2080 (0. 2950)	- 0. 0503 (0. 0692)
兄弟姐妹数量	0. 0512 ** (0. 0233)	0. 0115 ** (0. 0052)	0. 0225 (0. 0881)	0. 0055 (0. 0216)
心理健康	0. 0004 (0. 0055)	9. 79e - 05 (0. 0012)	- 0. 0072 (0. 0067)	- 0. 0017 (0. 0016)
社会网络	0. 0023 (0. 0021)	0. 0005 (0. 0005)	- 0. 0006 (0. 0006)	- 0. 0001 (0. 0002)

续表

	男性		女性	
	（1）	**（2）**	**（3）**	**（4）**
	职业代际流动	边际效应	职业代际流动	边际效应
居住变迁	− 0.0706	− 0.0159	− 0.0240	− 0.0058
	(0.0937)	(0.0211)	(0.0974)	(0.0236)
务工收入	− 7.81e − 07	− 1.76e − 07	1.94e − 08	4.71e − 09
	(6.71e − 07)	(1.51e − 07)	(1.90e − 06)	(4.60e − 07)
东部地区	− 0.0447	− 0.0101	− 0.2640 *	− 0.0640
	(0.1140)	(0.0256)	(0.1560)	(0.0390)
中部地区	− 0.0338	− 0.0076	− 0.3500	− 0.0848
	(0.1410)	(0.0316)	(0.2210)	(0.0563)
Constant	1.4240		0.1670	
	(0.0000)		(4.5000)	
Log likelihood	− 2 438.3935		− 2 119.9630	
Wald chi2（11）	109.7000		17.3400	
Prob ＞ chi2	0.0000		0.0000	
样本量	1 471	1 471	1 029	1 029

注：＊＊＊、＊分别表示在1%、10%的显著性水平，括号中数字代表标准误。

（2）基于新生代和老一代农民工的异质性效应分析。借鉴相关研究文献，本书将 2018 年时年龄等于或大于 38 岁的农民工界定为老一代农民工，而低于 38 岁的农民工界定为新生代农民工，来判别受教育程度对不同时代农民工职业代际流动的影响是否存在异质性。从表 7 - 22 回归结果可知，相对于新生代农民工，老一代农民工受教育程度对其职业代际流动的影响更大，且在统计显著。出现上述结果的原因，笔者认为，主要是新生代农民工受教育程度普遍较高，教育人力资本对职业代际流动的影响显著性不明显，反而老一代农民工，受教育程度相对偏低，由教育带来的福利增加也比较明显，效应也更明显。

（3）基于农民工职业层级的异质性效应分析。本书按照农民工职业层次等级，对超过均值的样本划分为职业层级较高，而低于均值的样本就划为职业层级较低。表 7 - 23 回归结果显示，农民工受教育程度对职业代际流动的影响存在职业层级差异；相对于职业层级较高的农民工，职业层级较低的农民工，受教育程度对其职业代际流动的影响更为显著。之所以出现上述结果，可能的原因是教育对职业层级的跨度效应，对低层级职业更容易跨越，故随着父母受教育程度的提升，更容易促进职业代际流动。

表 7 - 22　　　基于新生代和老一代农民工异质性效应的模型估计结果

	老一代农民工（≥38）		新生代农民工	
	（1）职业代际流动	（2）边际效应	（3）职业代际流动	（4）边际效应
农民工受教育程度	-0.3710 ***	-0.0933 ***	1.0950	0.3200
	(0.1140)	(0.0359)	(1.1310)	(0.4430)
农民工受教育程度的平方	0.0206 ***	0.0052 **	-0.0467	-0.0137
	(0.0067)	(0.0021)	(0.0475)	(0.0187)
性别	0.2740 ***	0.0690 **	-0.0394	-0.0115
	(0.0944)	(0.0268)	(0.0914)	(0.0250)
婚姻	-0.3130	-0.0787	0.1890	0.0552
	(0.2570)	(0.0601)	(0.1980)	(0.0415)
技能水平	-0.3450 ***	-0.0868 ***	-0.1120	-0.0328
	(0.1060)	(0.0277)	(0.1880)	(0.0451)
兄弟姐妹数量	0.0364 *	0.0092 *	0.0376	0.0110
	(0.0207)	(0.0052)	(0.0414)	(0.0148)
心理健康	-0.0024	-0.0006	-0.0029	-0.0009
	(0.0050)	(0.0012)	(0.0066)	(0.0017)
社会网络	-0.0003	-8.18e-05	0.0014	0.0004
	(0.0003)	(7.81e-05)	(0.0048)	(0.0013)
居住变迁	-0.1110	-0.0279	0.0505	0.0148
	(0.0867)	(0.0219)	(0.0923)	(0.0294)
务工收入	-3.82e-07	-9.61e-08	5.31e-07	1.55e-07
	(5.95e-07)	(1.49e-07)	(1.03e-06)	(2.91e-07)
东部地区	0.1250	0.0315	-0.3020	-0.0884
	(0.1140)	(0.0297)	(0.2910)	(0.0577)
中部地区	0.0879	0.0221	-0.3040	-0.0890 **
	(0.1370)	(0.0350)	(0.2090)	(0.0427)

续表

	老一代农民工（≥38）		新生代农民工	
	（1） 职业代际流动	（2） 边际效应	（3） 职业代际流动	（4） 边际效应
Constant	2.4990		− 5.1300	
	(0.0000)		(7.4020)	
Log likelihood	− 2 876.9807		− 1 425.7081	
Wald chi2（12）	1 097.91		72.53	
Prob > chi2	0.0000		0.0000	
样本量	1 515	1 515	985	985

注：＊＊＊、＊＊、＊分别表示在1％、5％和10％的显著性水平，括号中数字代表标准误。

表7－23　　基于农民工职业层级异质性效应的模型估计结果

	职业层级较高		职业层级较低	
	（1） 职业代际流动	（2） 边际效应	（3） 职业代际流动	（4） 边际效应
农民工受教育程度	0.8880	0.2260	0.9460＊＊＊	0.2940＊＊＊
	(4.3990)	(1.5520)	(0.0860)	(0.0735)
农民工受教育程度的平方	− 0.0356	− 0.0091	− 0.0498＊＊＊	− 0.0154＊＊＊
	(0.1770)	(0.0624)	(0.0041)	(0.0037)
性别	− 0.1340	− 0.0342	− 0.2810＊＊＊	− 0.0871＊＊
	(0.6590)	(0.1050)	(0.0859)	(0.0391)
婚姻	0.1730	0.0441	− 0.2460＊＊＊	− 0.0765＊＊
	(0.2140)	(0.0684)	(0.0837)	(0.0340)
技能水平	− 0.2060	− 0.0525	0.0085	0.0026
	(0.3120)	(0.1750)	(0.1520)	(0.0474)
兄弟姐妹数量	0.0389	0.0099	0.0419＊＊＊	0.0130＊＊＊
	(0.0927)	(0.0415)	(0.0158)	(0.0041)
心理健康	0.0106	0.0027	− 0.0044	− 0.0014
	(0.0879)	(0.0173)	(0.0040)	(0.0011)
社会网络	0.0026	0.0007	− 0.0002	− 5.55e − 05
	(0.0147)	(0.0025)	(0.0003)	(9.13e − 05)
居住变迁	0.1300	0.0332	− 0.0507	− 0.0157
	(0.1650)	(0.0882)	(0.0551)	(0.0163)

· 127 ·

	职业层级较高		职业层级较低	
	(1) 职业代际 流动	(2) 边际效应	(3) 职业代际 流动	(4) 边际效应
务工收入	1.11e-06 (5.49e-06)	2.83e-07 (8.96e-07)	-5.17e-07 (5.59e-07)	-1.61e-07 (1.62e-07)
东部地区	-0.3260 (1.5070)	-0.0829 (0.2280)	-0.0725 (0.0649)	-0.0225 (0.0198)
中部地区	-0.5000 (1.5200)	-0.1270 (0.1530)	-0.1880** (0.0771)	-0.0582** (0.0252)
Constant	-4.4270 (27.8000)		-3.2250*** (0.8530)	
Log likelihood	-641.0276		-3 859.9955	
Wald chi2 (12)	26.0000		1 365.4500	
Prob > chi2	0.0107		0.0000	
样本量	434	434	2 066	2 066

注：***、**分别表示在1%、5%的显著性水平，括号中数字代表标准误。

（4）基于农民工技能水平的异质性效应分析。本书按照农民工是否获得职业资格证书、是否参加过技能培训，把农民工分为高技能水平和低技能水平两类。表7-24回归结果显示，无论技能水平高低，农民工受教育程度都与职业代际流动呈现出倒"U"型关系，但拐点有一定区别：高技能水平时，农民工受教育程度对职业代际流动影响的拐点为13.11；而低技能水平时，农民工受教育程度对职业代际流动影响的拐点为8.37。

表7-24　　　基于农民工技能水平异质性效应的模型估计结果

	高技能水平		低技能水平	
	(1) 职业代际 流动	(2) 边际效应	(3) 职业代际 流动	(4) 边际效应
农民工受教育程度	0.8400*** (0.0548)	0.2360*** (0.0174)	0.1160** (0.0582)	0.0251** (0.0127)
农民工受教育程 度的平方	-0.0335*** (0.0026)	-0.0094*** (0.0008)	-0.0068** (0.0035)	-0.0015* (0.0008)

续表

	高技能水平		低技能水平	
	（1） 职业代际 流动	（2） 边际效应	（3） 职业代际 流动	（4） 边际效应
性别	0.0481	0.0135	0.0144	0.0031
	(0.1180)	(0.0333)	(0.0821)	(0.0178)
婚姻	0.0752	0.0212	0.0511	0.0111
	(0.1440)	(0.0406)	(0.1240)	(0.0268)
兄弟姐妹数量	0.0865 **	0.0244 **	0.0199	0.0043
	(0.0341)	(0.0095)	(0.0203)	(0.0044)
心理健康	0.0002	4.86e − 05	− 0.0069	− 0.0015
	(0.0077)	(0.0022)	(0.0043)	(0.0009)
社会网络	0.0004	0.0001	− 0.0005	− 0.0001
	(0.0020)	(0.0006)	(0.0004)	(7.80e − 05)
居住变迁	0.0423	0.0119	− 0.0297	− 0.0064
	(0.1190)	(0.0336)	(0.0829)	(0.0180)
务工收入	4.69e − 07	1.32e − 07	− 9.23e − 07	− 2.00e − 07
	(9.18e − 07)	(2.59e − 07)	(6.97e − 07)	(1.51e − 07)
东部地区	− 0.4050 **	− 0.1140 **	− 0.0409	− 0.0089
	(0.1670)	(0.0468)	(0.1050)	(0.0228)
中部地区	− 0.3880 *	− 0.1090 *	− 0.0722	− 0.0157
	(0.2050)	(0.0576)	(0.1270)	(0.0275)
Constant	− 4.1800		0.8230	
	(0.0000)		(0.0000)	
Log likelihood	− 794.6006		− 3 562.1266	
Wald chi2 （11）	7 214.4800		74.6600	
Prob > chi2	0.0000		0.0000	
样本量	595	595	1 905	1 905

注：***、**、*分别表示在1%、5%和10%的显著性水平，括号中数字代表标准误。

（5）基于区域差异的异质性效应分析。表7－25回归结果显示，农民工受教育程度对其职业代际流动的影响存在区域差异，相对于东部、中部地区而言，西部地区影响效应更为显著。出现上述结果的主要原因是西部地区整体受教育程度偏低，进而教育程度的提升对职业代际流动的影响效应更为明显。

表7－25 基于区域异质性效应的模型估计结果

	东部		中部		西部	
	（1）	（2）	（3）	（4）	（5）	（6）
	职业代际流动	边际效应	职业代际流动	边际效应	职业代际流动	边际效应
农民工受教育程度	0.6590	0.1700	0.2220	0.0519	0.8170***	0.2160**
	(3.2590)	(1.0910)	(1.2530)	(0.3040)	(0.1780)	(0.1010)
农民工受教育程度的平方	−0.0314	−0.0081	−0.0131	−0.0031	−0.0443***	−0.0117**
	(0.1550)	(0.0519)	(0.0593)	(0.0145)	(0.0102)	(0.0056)
性别	−0.1490	−0.0383	0.0444	0.0104	−0.4870***	−0.1290**
	(1.0910)	(0.3380)	(0.3860)	(0.0885)	(0.1310)	(0.0551)
婚姻	0.0608	0.0157	−0.4630*	−0.1080	−0.2330	−0.0617
	(1.2100)	(0.2890)	(0.2710)	(0.0745)	(0.1670)	(0.0414)
技能水平	−0.2130	−0.0548	−0.1470	−0.0345	0.0357	0.0095
	(0.9620)	(0.1680)	(0.2340)	(0.0509)	(0.1470)	(0.0393)
兄弟姐妹数量	0.0482**	0.0124	0.0300	0.0070	0.0734**	0.0194*
	(0.0204)	(0.0171)	(0.0603)	(0.0152)	(0.0348)	(0.0116)
心理健康	−0.0027	−0.0007	−0.0075	−0.0018	−0.0085	−0.0023
	(0.0100)	(0.0036)	(0.0118)	(0.0025)	(0.0092)	(0.0021)
社会网络	0.0018	0.0005	0.0021	0.0005	−0.0004	−0.0001
	(0.0143)	(0.0030)	(0.0036)	(0.0008)	(0.0006)	(0.0002)
居住变迁	−0.0237	−0.0061	−0.0922	−0.0216	−0.0547	−0.0145
	(0.0944)	(0.0194)	(0.4200)	(0.0943)	(0.1440)	(0.0388)
务工收入	−3.63e−07	−9.36e−08	−1.85e−06	−4.33e−07	−1.26e−06	−3.32e−07
	(5.79e−07)	(1.68e−07)	(3.04e−06)	(7.71e−07)	(2.09e−06)	(5.08e−07)
Constant	−2.2690		0.7730		−2.1530	
	(16.3600)		(6.4870)		(1.4240)	
Log likelihood	−3 016.2533		−832.1240		−786.0392	
Wald chi2 (10)	68.0300		14.1700		81.0600	
Prob > chi2	0.0000		0.1655		0.0000	
样本量	1 622	1 622	465	465	413	413

注：***、**、*分别表示在1%、5%和10%的显著性水平，括号中数字代表标准误。

第八章　基于中介变量的教育人力资本传承对农民工职业代际流动影响的实证研究

通过前面分析可知，教育人力资本传承对农民工社会地位感知产生显著影响，而农民工社会地位感知直接影响其职业选择以及职业代际流动的可能性。换言之，在这一作用过程中，农民工社会地位感知可视为一个中介变量。前面理论分析框架部分从理论分析层面已经阐明了这一点，本章则将从实证的角度来验证社会地位感知是否产生了中介作用，从而更清晰地揭示教育人力资本传承对农民工职业代际流动决策行为的作用机理。

在分析教育人力资本传承对农民工职业代际流动决策行为影响中，中介变量农民工社会地位感知的作用原理如图 8 - 1 所示。

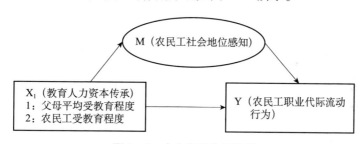

图 8 - 1　中介变量分析示意

一般来说，中介变量作为一种间接效应，如何确切地知道社会地位感知是否真正起到中介变量的作用，或者说其中介效应大小如何呢？根据贾德（Judd，1981）、巴伦和肯尼（Baron & Kenny，1986）以及温忠麟等（2014）的研究，本章将通过以下 3 个标准验证中介效应：一是中介变量对自变量回归，自变量达到显著的水平；二是因变量对自变量回归，自变量也应该达到显著的水平；三是因变量同时对中介变量和自变量回归，如果中介变量达到显著的水平，自变量的回归系数减小且自变量达到显著的水平，则中介变量起部分中介作用，自变量回归系数减小但自变量没有达到显著的水平，则中介变量起完全中介作用。

具体到本章中，验证农民工社会地位感知的中介效应是否显著，主要有以下 3 个标准：一是中介变量农民工社会地位感知对教育人力资本传承回归，教育人力资本传承具有显著的影响作用；二是因变量农民工职业代际流动行为对自变量教育人力资本传承回归，教育人力资本传承也达到显著水平；三是因变量农民工职业代际流动行为同时对中介变量社会地位感知和自变量教育人力资本传承回归，如果中介变量农民工社会地位感知达到显著水平，自变量教育人力资本传承的回归系数减小且也达到显著水平，则农民工社会地位感知起部分中介作用，自变量教育人力资本传承的回归系数减小但不具有显著性，则农民工社会地位感知起完全中介作用。例如，存在一个自变量（X_1）、一个中介变量（M）和两个控制变量（X_2，X_3）的模型［见式（8-1）~式（8-3）］，要验证 X_1 经过 M 的中介效应是否显著，则需要验证 c、a、b、c′ 是否显著。

$$Y = cX_1 + \delta_1 X_2 + \delta_2 X_3 + e_1 \qquad (8-1)$$

$$M = aX_1 + \varphi_1 X_2 + \varphi_2 X_3 + e_2 \qquad (8-2)$$

$$Y = c'X_1 + \gamma_1' X_2 + \gamma_2' X_3 + bM + e_3 \qquad (8-3)$$

在考察中介效应的效果量时，本章采用了计算中介效应占总效应比值这一方式。因为本研究的有效数据样本量达到了 7 921 个，远远高于"中介效应占总效应的比值"计算所要求的 500 份有效样本的要求。根据公式 $Effect_m = \dfrac{a \times b}{c}$，计算中介效应占总效应的比值，来报告中介效应的大小。

这里需要说明的是，尽管回归方程中可能还包含了与农民工职业代际流动行为相关的其他社会特征变量，上述检验标准仍然具有适用性。这是因为，当有多个自变量和中介变量时，研究者首先要明确感兴趣的是哪个自变量经过哪个中介变量的中介效应，然后找出该自变量的系数根据前述中介效应检验标准，就可以检验。

一、指标选择与样本描述性统计分析

本章的"关键被解释变量"为"农民工职业代际流动行为"，跟前面所述一致，主要指农民工职业层级与父母职能层级的对比：若相对于父母双方职业层级，农民工职业层级有提升，则认为农民工职业发生了代际向上流动；否则，认为农民职业发生了代际向下流动，采用二元虚拟变量指标来衡量。

"关键解释变量"是"教育人力资本传承"，根据前面内涵界定将使用两种指标来衡量教育人力资本传承情况，主要从农民工父母受教育程度与农民工自身受教育程度两个层面来分析。

"中介变量"为"农民工社会地位感知"，根据社会感知的时间性和可获得性，主要采用农民工对 14 岁时家庭社会地位以及目前社会地位评价两个层面来分析。当分析父母受教育程度对农民工社会地位感知的影响时，选取其对 14 岁时家庭社会地位的评价，而分析农民工自身受教育程度对社会地位感知的影响时，就选取农民工对当前社会地位的评价。

表 8 -1、表 8 -2 概括了所有关键变量和其他控制变量基本的统计学特征，至于相关系数是否显著，有待后面的检验。

表 8 -1　　　基于社会地位感知中介变量的变量基本描述性统计（1）

变量名	样本量	均值	标准差
职业代际流动	5 245	0.7411	0.4381
父母受教育程度	5 872	3.7134	3.4679
14 岁社会地位感知	7 910	0.4822	0.4997
年龄	7 921	42.5294	13.4932
性别	7 921	0.4542	0.4979
婚姻	7 921	0.8406	0.3661
技能水平	7 908	0.1703	0.3759
农民工受教育程度	7 885	8.6864	4.0957
社会网络	7 693	14.0096	64.0058
父亲政治面貌	5 793	0.1184	0.3231
母亲政治面貌	5 706	0.0110	0.1045
东部地区	7 921	0.5465	0.4979
中部地区	7 921	0.2144	0.4104
身体健康	7 908	0.6224	0.4848
自有住房	7 921	0.3616	0.4805
家庭收入	7 762	72 876.9300	110 361.8000

资料来源：根据 CLDS 2018 年计算整理。

表 8 -2　　　基于社会地位感知中介变量的变量基本描述性统计（2）

变量名	样本量	均值	标准差
职业代际流动	5 245	0.7411	0.4381
农民工受教育程度	7 885	8.6864	4.0957

变量名	样本量	均值	标准差
目前社会地位感知	7 910	0.5938	0.4912
性别	7 921	0.4542	0.4979
婚姻	7 921	0.8406	0.3661
技能水平	7 908	0.1703	0.3759
东部地区	7 921	0.5465	0.4979
中部地区	7 921	0.2144	0.4104
兄弟姐妹数量	7 909	3.0376	2.0096
心理健康	7 906	27.3342	9.2539
社会网络	7 693	14.0096	64.0058
居住变迁	7 913	0.2469	0.4313
务工收入	4 362	14 462.1600	52 836.3000

资料来源：根据 CLDS 2018 年计算整理。

二、基于中介变量的父母受教育程度影响农民工职业代际流动机理实证分析

（一）父母受教育程度影响农民工职业代际流动的基本模型

为了运用上述中介效应方法研究农民工社会地位感知在教育人力资本传承影响农民工职业代际流动决策中发挥的作用，本节分别构建与式（8-1）、式（8-2）、式（8-3）相对应的中介效应实证模型，并对其进行检验。

$$Y_i = \beta_0 + \beta_1 NRIS_i + \sum \beta_2 X_i + \varepsilon_i \qquad (8-4)$$

$$LM_i = \alpha_0 + \alpha_1 NRIS_i + \sum \alpha_2 X_i + \varepsilon_i^* \qquad (8-5)$$

$$Y_i = \delta_0 + \delta_1 NRIS_i + \delta_2 LM_i + \sum \delta_3 X_i + \varepsilon_i^{**} \qquad (8-6)$$

其中，Y_i 为农民工职业代际流动决策行为（是否发生职业代际流动），$NRIS_i$ 为父母受教育程度情况，LM_i 为中介变量（农民工社会地位感知情况），X_i 为其他控制变量。

在与式（8-1）对应的实证模型上，当考察自变量父母受教育程度对因变量农民工职业代际流动决策的影响时，构建式（8-4）并采取工具变量法来估计相关系数。在与式（8-2）对应的实证模型，即考察自变量父母受教育程度对中介变量农民工社会地位感知影响时，构建式（8-5）并

采取工具变量法来估计相关系数；在与式（8－3）对应的实证模型上，当考察自变量父母受教育程度对中介变量农民工社会地位感知对因变量农民工职业代际流动决策的影响时，只需在式（8－4）的基础上加入中介变量即可，形成式（8－6），估计方法与式（8－4）相同。以上式（8－4）、式（8－5）、式（8－6）其他相关设置见第五章实证模型设定。

（二）　父母受教育程度对农民工职业代际流动影响路径分析

1. 基本结果分析。表8－3显示了农民工社会地位感知在父母受教育程度影响农民工职业代际流动决策的中介效应检验结果。在表8－3中，从农民工社会地位感知在父母受教育程度影响农民工职业代际流动决策的中介效应检验结果看：第一，（1）、（2）列回归结果表明，父母受教育程度对中介变量"农民工社会地位感知"具有显著的正向影响，且在5%的统计水平上显著；第二，（3）、（4）列模型结果显示，自变量父母受教育程度对因变量农民工职业代际流动决策影响显著，且在1%的统计水平上显著；第三，（5）、（6）列回归结果表明，在加入了中介变量后，中介变量在10%的统计水平上显著，而自变量父母受教育程度对农民工职业代际流动决策的影响减弱，其边际回归系数从0.0160降为0.0159，并且仍达到显著水平。根据前面中介效应的判断标准可知，农民工社会地位感知在父母受教育程度影响农民工职业代际流动决策中起到部分中介作用（见表8－3和图8－2）。

表8－3　　　父母受教育程度对农民工职业代际流动影响的中介效应检验

	(1) 14岁社会 地位感知	(2) 边际效应	(3) 职业代际 流动	(4) 边际效应	(5) 职业代际 流动	(6) 边际效应
父母受教育程度	-0.4160* (0.2410)	-0.1440** (0.0715)	0.5400*** (0.150)	0.1530*** (0.0388)	0.5360*** (0.1520)	0.1520*** (0.0394)
父母受教育 程度的平方	0.0422** (0.0211)	0.0146** (0.0061)	-0.0566*** (0.0133)	-0.0160*** (0.0034)	-0.0561*** (0.0135)	-0.0159*** (0.0034)
14岁社会 地位感知					-0.0933* (0.0486)	-0.0264* (0.0139)
年龄	-0.0150*** (0.0040)	-0.0050*** (0.0011)	-0.0136** (0.0069)	-0.0039* (0.0020)	-0.0140** (0.0070)	-0.0040* (0.0021)

	（1）14岁社会地位感知	（2）边际效应	（3）职业代际流动	（4）边际效应	（5）职业代际流动	（6）边际效应
性别	-0.2070***	-0.0716***	0.2260***	0.0638***	0.2210***	0.0626***
	(0.0532)	(0.0201)	(0.0611)	(0.0182)	(0.0606)	(0.0180)
婚姻	-0.0055	-0.0019	-0.0504	-0.0143	-0.0469	-0.0133
	(0.1010)	(0.0351)	(0.1010)	(0.0286)	(0.1010)	(0.0287)
技能水平	-0.2240***	-0.0774***	-0.0314	-0.0089	-0.0372	-0.0105
	(0.0662)	(0.0253)	(0.0679)	(0.0193)	(0.0683)	(0.0194)
农民工受教育程度	0.0422***	0.0146***	0.0216	0.0061	0.0229	0.0065
	(0.0107)	(0.0031)	(0.0170)	(0.0049)	(0.0172)	(0.0050)
心理健康	-0.0108***	-0.0040***				
	(0.0033)	(0.0013)				
社会网络	0.0008*	0.0003*	0.0004	0.0001	0.0004	0.0001
	(0.0004)	(0.0002)	(0.0004)	(0.0001)	(0.0004)	(0.0001)
家庭收入	$8.03e-07^{**}$	$2.78e-07^{**}$				
	$(3.71e-07)$	$(1.36e-07)$				
父亲政治面貌	0.2750***	0.0952***	-0.5420***	-0.1530***	-0.5370***	-0.1520***
	(0.0767)	(0.0283)	(0.0984)	(0.0305)	(0.0976)	(0.0301)
母亲政治面貌	-0.3160	-0.1100	-0.2370	-0.0672	-0.2370	-0.0670
	(0.3230)	(0.1060)	(0.2570)	(0.0735)	(0.2570)	(0.0736)
东部地区	0.3470***	0.1200***	0.0509	0.0144	0.0586	0.0166
	(0.0698)	(0.0293)	(0.0685)	(0.0196)	(0.0693)	(0.0198)
中部地区	0.3980***	0.1380***	-0.0320	-0.0091	-0.0217	-0.0062
	(0.1200)	(0.0504)	(0.0710)	(0.0201)	(0.0713)	(0.0202)
身体健康			0.2000***	0.0567***	0.2100***	0.0594***
			(0.0692)	(0.0205)	(0.0706)	(0.0210)
自有住房			-0.0824*	-0.0233*	-0.0784	-0.0222
			(0.0491)	(0.0141)	(0.0491)	(0.0140)
家庭收入			$3.80e-07^{*}$	$1.08e-07^{*}$	$4.01e-07^{*}$	$1.14e-07^{*}$
			$(2.14e-07)$	$(6.11e-08)$	$(2.15e-07)$	$(6.17e-08)$
Constant	0.7890		0.2530		0.28700	
	(0.5300)		(0.4880)		(0.4930)	

续表

	（1）14 岁社会地位感知	（2）边际效应	（3）职业代际流动	（4）边际效应	（5）职业代际流动	（6）边际效应
Log likelihood	− 5 690. 5492		− 6 826. 8945		− 6 822. 9993	
Wald chi2	288. 9600		780. 0400		776. 9100	
Prob > chi2	0. 0000		0. 0000		0. 0000	
样本量	2 566		3 278		3 277	
Log likelihood	− 5 690. 5492		− 6 826. 8945		− 6 822. 9993	

注：＊＊＊ 、＊＊ 、＊分别表示在 1% 、5% 和 10% 的显著性水平，括号中数字代表标准误。

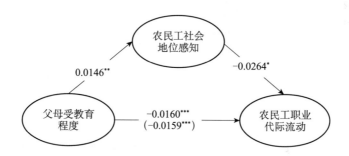

图 8 - 2 社会地位感知在父母受教育程度影响职业代际流动中介效应路径

注：括号内数值为父母受教育程度对农民工职业代际流动影响直接作用的回归系数。

根据中介效应的效果量公式，$\text{Effect}_m = \dfrac{a \times b}{c}$，计算中介效应占总效应的比值。从表 8 - 3 可知，a = 0.0146，b = − 0.0264，c = − 0.0160，c′ = − 0.0159，则 Effect_m = 0.02409。由此验证了本章的假说：农民工社会地位感知是父母受教育程度影响农民工职业代际流动的重要中介机制。

由此可见，在父母受教育程度影响农民工职业代际流动的过程中，农民工个体对其父母职业类型、社会影响力大小、环境友善状况等综合感知情况会影响其个体规范、行为与控制信念，从而影响其职业目标的制定、效能感获得等，进而影响农民工职业代际流动。

2. 样本异质性分析。针对不同特征的农民工及其父母分别进行中介效应分析，有利于进一步细化和揭示父母受教育程度对农民工职业代际流动决策行为的作用机理。

（1）基于农民工性别的异质性效应分析。表 8 - 4 报告了基于农民工性别差异下，农民工社会地位感知在父母受教育程度影响农民工职业代际流动决策的中介效应检验结果。（1）～（6）列展示了男性的中介效应检验结果，（7）～（12）列报告了女性的中介效应检验结果。

表 8 - 4　　　　　　　基于农民工性别的异质性效应分析

	男性					
	（1）	（2）	（3）	（4）	（5）	（6）
	14 岁社会地位感知	边际效应	职业代际流动	边际效应	职业代际流动	边际效应
父母受教育程度	- 0. 3560 **	- 0. 1250 **	0. 2020	0. 0559	0. 1870	0. 0515
	(0. 1680)	(0. 0525)	(0. 2040)	(0. 0573)	(0. 2060)	(0. 0575)
父母受教育程度的平方	0. 0378 **	0. 0130 ***	- 0. 0273	- 0. 0075	- 0. 0255	- 0. 0070
	(0. 0158)	(0. 0049)	(0. 0203)	(0. 0057)	(0. 0205)	(0. 0057)
14 岁社会地位感知					- 0. 1540	- 0. 0424
					(0. 0794)	(0. 0218)
控制变量	Yes	Yes	Yes	Yes	Yes	Yes
Log likelihood	- 2 753. 4771		- 2 870. 6639		- 2 866. 7618	
Wald chi2	97. 6500		138. 1700		139. 2400	
Prob > chi2	0. 0000		0. 0000		0. 0000	
样本量	1 243	1 243	1 413	1 413	1 412	1 412
	女生					
	（7）	（8）	（9）	（10）	（11）	（12）
	14 岁社会地位感知	边际效应	职业代际流动	边际效应	职业代际流动	边际效应
父母受教育程度	0. 8080	0. 2290	0. 8220 ***	0. 2150 ***	0. 8230 ***	0. 2150 ***
	(7. 0050)	(1. 1990)	(0. 0766)	(0. 0191)	(0. 0760)	(0. 0190)
父母受教育程度的平方	- 0. 0676	- 0. 0192	- 0. 0772 ***	- 0. 0200 ***	- 0. 0771 ***	- 0. 0200 ***
	(0. 7150)	(0. 1370)	(0. 0053)	(0. 0013)	(0. 0053)	(0. 0013)
14 岁社会地位感知					- 0. 0197 *	- 0. 0052 *
					(0. 0565)	(0. 0147)
控制变量	Yes	Yes	Yes	Yes	Yes	Yes
Log likelihood	- 2 894. 5168		- 3 899. 8798		- 3 899. 0275	
Wald chi2	933. 2200		2 047. 8500		2 059. 6200	

续表

	女生					
	(7) 14 岁社会 地位感知	(8) 边际效应	(9) 职业代 际流动	(10) 边际效应	(11) 职业代 际流动	(12) 边际效应
Prob > chi2	0.0000		0.0000		0.0000	
样本量	1 323	1 323	1 865	1 865	1 865	1 865

注：＊＊＊、＊＊、＊分别表示在1%、5%和10%的显著性水平，括号中数字代表标准误。

根据前面中介效应的判断标准可知，农民工社会地位感知的中介效应存在性别差异，中介效应在女性农民工中的影响效应较为显著，但中介效应在男性农民工中的影响效应不显著。

（2）基于新生代与老一代农民工的异质性效应分析。本章将在调查年份等于或大于38岁的农民工界定为老一代农民工，而低于38岁的劳动力界定为新生代农民工，来判别父母受教育程度对不同时代农民工职业代际流动的影响是否存在异质性。表8-5报告了基于不同年代农民工差异下，农民工社会地位感知在父母受教育程度影响农民工职业代际流动决策的中介效应检验结果，（1）~（6）列展示了老一代农民工的中介效应检验结果，（7）~（12）列报告了新生代农民工的中介效应检验结果。

表8-5　　　　　基于新生代与老一代农民工的异质性效应分析

	老一代农民工					
	(1) 14 岁社会 地位感知	(2) 边际效应	(3) 职业代 际流动	(4) 边际效应	(5) 职业代 际流动	(6) 边际效应
父母受教育程度	-0.2230 (0.4260)	-0.0808 (0.1500)	0.6830*** (0.1240)	0.1970*** (0.0289)	0.6810*** (0.1240)	0.1970*** (0.0292)
父母受教育 程度的平方	0.0295 (0.0429)	0.0107 (0.0149)	-0.0754*** (0.0124)	-0.0218*** (0.0029)	-0.0752*** (0.0125)	-0.0217*** (0.0029)
14 岁社会 地位感知					-0.0412* (0.0515)	-0.0119* (0.0150)
控制变量	Yes	Yes	Yes	Yes	Yes	Yes
Log likelihood	-4 013.3456		-5 228.1405		-5 227.2307	
Wald chi2	135.5000		884.3300		882.6600	
Prob > chi2	0.0000		0.0000		0.0000	
样本量	1 808	1 808	2 497	2 497	2 497	2 497

	新生代农民工					
	(7) 14 岁社会 地位感知	(8) 边际效应	(9) 职业代 际流动	(10) 边际效应	(11) 职业代 际流动	(12) 边际效应
父母受教育程度	-0.7850*** (0.2500)	-0.2570*** (0.0683)	-0.1200 (0.5920)	-0.0297 (0.1500)	-0.1540 (0.5850)	-0.0381 (0.1500)
父母受教育 程度的平方	0.0624*** (0.0186)	0.0204*** (0.0050)	0.0047 (0.0466)	0.0012 (0.0116)	0.0074 (0.0460)	0.0018 (0.0117)
14 岁社会 地位感知					-0.1360 (0.1150)	-0.0337 (0.0280)
控制变量	Yes	Yes	Yes	Yes	Yes	Yes
Log likelihood	-1 495.7613		-1 415.2518		-1 412.7924	
Wald chi2	134.7500		46.6200		48.5100	
Prob > chi2	0.0000		0.0000		0.0000	
样本量	758	758	781	781	780	780

注: ***、* 分别表示在 1%、10% 的显著性水平, 括号中数字代表标准误。

　　根据前面中介效应的判断标准可知, 无论是老一代农民工还是新生代农民工, 农民工社会地位感知的中介效应均不显著, 中介效应不存在年代差异。

　　(3) 基于农民工父母职业层级的异质性效应分析。本章按照父母职业层次等级, 对超过均值的样本划分为较高职业层级, 而低于均值的样本就划为较低职业层级, 来判别父母受教育程度对农民工职业代际流动的影响是否存在异质性。表 8-6 报告了基于农民工父母职业层次差异下, 农民工社会地位感知在父母受教育程度影响农民工职业代际流动决策的中介效应检验结果。(1)~(6) 列展示了父母职业层级较高的中介效应检验结果, (7)~(12) 列报告了父母职业层级较低的中介效应检验结果。

表 8-6　　　　　　　基于农民工父母职业层次的异质性效应分析

	父母职业层级较高					
	(1) 14 岁社会 地位感知	(2) 边际效应	(3) 职业代 际流动	(4) 边际效应	(5) 职业代 际流动	(6) 边际效应
父母受教育程度	-0.4710 (0.6500)	-0.1700 (0.2200)	1.6750 (1.1600)	0.4880 (0.4170)	1.6740 (1.1790)	0.4880 (0.4240)

续表

	父母职业层级较高					
	（1）	（2）	（3）	（4）	（5）	（6）
	14 岁社会地位感知	边际效应	职业代际流动	边际效应	职业代际流动	边际效应
父母受教育程度的平方	0.0372	0.0134	− 0.1130	− 0.0329	− 0.1130	− 0.0329
	（0.0451）	（0.0152）	（0.0696）	（0.0256）	（0.0708）	（0.0260）
14 岁社会地位感知					− 0.0243	− 0.0070
					（0.0985）	（0.0279）
控制变量	Yes	Yes	Yes	Yes	Yes	Yes
Log likelihood	− 2 251.2664		− 1 573.2495		− 1 572.4123	
Wald chi2	103.2200		414.2700		415.0600	
Prob > chi2	0.0000		0.0000		0.0000	
样本量	1 250	1 250	1 286	1 286	1 285	1 285
	父母职业层级较低					
	（7）	（8）	（9）	（10）	（11）	（12）
	14 岁社会地位感知	边际效应	职业代际流动	边际效应	职业代际流动	边际效应
父母受教育程度	− 0.5850 **	− 0.1910 **	0.6710 ***	0.1950 ***	0.6680 ***	0.1940 ***
	（0.2980）	（0.0759）	（0.1580）	（0.0442）	（0.161）	（0.0451）
父母受教育程度的平方	0.0653 **	0.0213 ***	− 0.0736 ***	− 0.0214 ***	− 0.0731 ***	− 0.0212 ***
	（0.0296）	（0.0073）	（0.0176）	（0.0049）	（0.0179）	（0.0050）
14 岁社会地位感知					− 0.0488 *	− 0.0142 *
					（0.0629）	（0.0183）
控制变量	Yes	Yes	Yes	Yes	Yes	Yes
Log likelihood	− 2 827.5409		− 3 908.2575		− 3 906.4453	
Wald chi2	166.4400		832.2500		827.2700	
Prob > chi2	0.0000		0.0000		0.0000	
样本量	1 316	1 316	1 992	1 992	1 992	1 992

注：＊＊＊、＊＊、＊分别表示在1%、5%和10%的显著性水平，括号中数字代表标准误。

　　根据前面中介效应的判断标准可知，农民工社会地位感知的中介效应存在职业层级差异，中介效应在父母职业层级较低中的影响效应较为显著，但中介效应在父母职业层级较高中的影响效应不显著。

（4）基于农民工技能水平的异质性效应分析。本章按照农民工是否获得职业资格证书、是否参加过技能培训，把农民工分为高技能和低技能两类，来判别父母受教育程度对农民工职业代际流动的影响是否存在异质性。表8-7报告了基于农民工技能水平差异下，农民工社会地位感知在父母受教育程度影响农民工职业代际流动决策的中介效应检验结果。（1）~（6）列展示了农民工高技能水平下的中介效应检验结果，（7）~（12）列报告了农民工低技能水平下的中介效应检验结果。

表8-7　　　　　　　　基于农民工技能水平的异质性效应分析

	高技能水平					
	（1）14岁社会地位感知	（2）边际效应	（3）职业代际流动	（4）边际效应	（5）职业代际流动	（6）边际效应
父母受教育程度	-0.5290 (1.5730)	-0.1750 (0.4180)	-0.5620*** (0.1930)	-0.1600** (0.0649)	-0.8710*** (0.0384)	-0.2460*** (0.0637)
父母受教育程度的平方	0.0443 (0.1150)	0.0146 (0.0294)	0.0381** (0.0169)	0.0108** (0.0055)	0.0678*** (0.0081)	0.0191*** (0.0022)
14岁社会地位感知					0.0656 (0.4600)	0.0185 (0.1250)
控制变量	Yes	Yes	Yes	Yes	Yes	Yes
Log likelihood	-1 273.3783		-1 181.9725		-1 178.7938	
Wald chi2	104.6300		1 182.0300		1 166.4600	
Prob > chi2	0.0000		0.0000		0.0000	
样本量	588	588	586	586	586	586
	低技能水平					
	（7）14岁社会地位感知	（8）边际效应	（9）职业代际流动	（10）边际效应	（11）职业代际流动	（12）边际效应
父母受教育程度	-0.3940* (0.2390)	-0.1390* (0.0742)	0.5570*** (0.1460)	0.1580*** (0.0381)	0.5540*** (0.1470)	0.1580*** (0.0386)
父母受教育程度的平方	0.0437* (0.0230)	0.0153** (0.0070)	-0.0615*** (0.0140)	-0.0175*** (0.0036)	-0.0611*** (0.0142)	-0.017*** (0.00367)
14岁社会地位感知					-0.0621* (0.0527)	-0.0177* (0.0150)

续表

	低技能水平					
	(7) 14岁社会 地位感知	**(8)** 边际效应	**(9)** 职业代 际流动	**(10)** 边际效应	**(11)** 职业代 际流动	**(12)** 边际效应
控制变量	Yes	Yes	Yes	Yes	Yes	Yes
Log likelihood	-4 279.4947		-5 467.3671		-5 464.7858	
Wald chi2	197.8000		691.2100		688.4500	
Prob > chi2	0.0000		0.0000		0.0000	
样本量	1 978	1 978	2 692	2 692	2 691	2 691

注：***、**、*分别表示在1%、5%和10%的显著性水平，括号中数字代表标准误。

根据前面中介效应的判断标准可知，农民工社会地位感知的中介效应存在职业技能差异，中介效应在农民工低技能水平下的影响效应较为显著，但中介效应在农民工高技能水平下的影响效应不显著。

三、基于中介变量的农民工受教育程度影响其职业代际流动机理实证分析

（一）农民工受教育程度影响其职业代际流动的基本模型

为了运用上述中介效应方法研究农民工社会地位感知在教育人力资本传承影响农民工职业代际流动决策中发挥的作用，本节分别构建与式（8-1）、式（8-2）、式（8-3）相对应的中介效应实证模型，并对其进行检验。

$$Y_i = \beta_0 + \beta_1 NRIS_i + \sum \beta_2 X_i + \varepsilon_i \qquad (8-7)$$

$$LM_i = \alpha_0 + \alpha_1 NRIS_i + \sum \alpha_2 X_i + \varepsilon_i^* \qquad (8-8)$$

$$Y_i = \delta_0 + \delta_1 NRIS_i + \delta_2 LM_i + \sum \delta_3 X_i + \varepsilon_i^{**} \qquad (8-9)$$

其中，Y_i 为农民工职业代际流动决策行为（是否发生职业代际流动），$NRIS_i$ 为农民工受教育程度情况，LM_i 为中介变量（农民工社会地位感知情况），X_i 为其他控制变量。

在与式（8-1）对应的实证模型上，当考察自变量农民工受教育程度对因变量农民工职业代际流动决策的影响时，构建式（8-7）并采取工具变量法来估计相关系数；在与式（8-2）对应的实证模型，即考察自变量农民工受教育程度对中介变量农民工社会地位感知影响时，构建式（8-8）

并采取工具变量法来估计相关系数；在与式（8-3）对应的实证模型上，当考察自变量农民工受教育程度对中介变量农民工社会地位感知对因变量农民工职业代际流动决策的影响时，只需在式（8-7）的基础上加入中介变量即可，形成式（8-9），估计方法与式（8-7）相同，以上式（8-7）、式（8-8）、式（8-9）其他相关设置见第五章实证模型设定。

（二）农民工受教育程度对其职业代际流动影响路径分析

1. 基本结果分析。表8-8显示了农民工社会地位感知在农民工受教育程度影响农民工职业代际流动决策的中介效应检验结果。在表8-8中，从农民工社会地位感知在农民工受教育程度影响其职业代际流动决策的中介效应检验结果看：第一，（1）、（2）列回归结果表明，农民工受教育程度对中介变量"农民工社会地位感知"具有显著的正向影响，且在1%的统计水平上显著；第二，（3）、（4）列模型结果显示，自变量农民工受教育程度对因变量农民工职业代际流动决策影响显著；第三，（5）、（6）列回归结果表明，在加入了中介变量后，中介变量在10%的统计水平上显著，而自变量农民工受教育程度对其职业代际流动决策的影响减弱，其边际回归系数从0.01263降为0.01257，并且仍达到显著水平。

表8-8　　　　农民工受教育程度对其职业代际流动影响的中介效应检验

	（1）目前社会地位感知	（2）边际效应	（3）职业代际流动	（4）边际效应	（5）职业代际流动	（6）边际效应
农民工受教育程度	-0.7280***	-0.2400***	0.8760***	0.2590**	0.8730***	0.2580**
	(0.084)	(0.0215)	(0.1890)	(0.1060)	(0.1940)	(0.1070)
农民工受教育程度的平方	0.0390***	0.0129***	-0.0430***	-0.01263**	-0.0430***	-0.01257**
	(0.0040)	(0.0010)	(0.0090)	(0.0051)	(0.0093)	(0.0052)
目前社会地位感知					0.0910*	0.0269*
					(0.0489)	(0.0167)
年龄	-0.0120***	-0.0040***				
	(0.0040)	(0.0012)				
性别	0.2490***	0.0821***	-0.2490***	-0.0736*	-0.2430***	-0.0718*
	(0.0600)	(0.0182)	(0.0916)	(0.0400)	(0.0924)	(0.0399)
婚姻	0.5860***	0.1930***	-0.1140	-0.0339	-0.1220	-0.0362
	(0.0650)	(0.0214)	(0.0922)	(0.0321)	(0.0940)	(0.0330)

续表

	（1）目前社会地位感知	（2）边际效应	（3）职业代际流动	（4）边际效应	（5）职业代际流动	（6）边际效应
技能水平	-0.1900***	-0.0624***	-0.0780	-0.0231	-0.0788	-0.0233
	(0.0740)	(0.0233)	(0.1230)	(0.0325)	(0.1230)	(0.0324)
身体健康	0.1530	0.0503				
	(0.1230)	(0.0417)				
社会网络	0.0010**	0.0004**				
	(0.001)	(0.0002)				
自有住房	0.0270	0.0088				
	(0.044)	(0.0145)				
东部地区	0.1210**	0.0399**	-0.1320*	-0.0392**	-0.142**	-0.0419**
	(0.0560)	(0.0183)	(0.0718)	(0.0188)	(0.0713)	(0.0187)
中部地区	0.169**	0.0557**	-0.233***	-0.0689***	-0.239***	-0.071***
	(0.068)	(0.0223)	(0.0775)	(0.0240)	(0.0774)	(0.0244)
兄弟姐妹数量			0.0476***	0.0141***	0.0490***	0.0150***
			(0.0139)	(0.0039)	(0.0138)	(0.0039)
心理健康			-0.0029	-0.0008	-0.0020	-0.0010
			(0.0033)	(0.0009)	(0.0034)	(0.0010)
社会网络			-0.0002	-6.72e-05	-0.0002	-6.78e-05
			(0.0003)	(7.64e-05)	(0.0003)	(7.62e-05)
居住变迁			-0.0024	-0.0007	0.0035	0.0010
			(0.0549)	(0.0162)	(0.0556)	(0.0165)
务工收入			-4.47e-07	-1.32e-07	-4.99e-07	-1.47e-07
			(4.33e-07)	(1.25e-07)	(4.32e-07)	(1.25e-07)
Constant	2.616***		-3.174**		-3.220**	
	(0.5160)		(1.3330)		(1.3640)	
Log likelihood	-5 961.9299		-4 693.7850		-4 691.2180	
Wald chi2	943.0700		324.3800		311.4700	
Prob > chi2	0.0000		0.0000		0.0000	
样本量	2 610		2 500		2 500	

注：***、**、*分别表示在1%、5%和10%的显著性水平，括号中数字代表标准误。

　　根据前面中介效应的判断标准可知，农民工社会地位感知在农民工受教育程度影响其职业代际流动决策中起到部分中介作用（见表8-8和图8-3）。

根据中介效应的效果量公式，$Effect_m = \frac{a \times b}{c}$，计算中介效应占总效应的比值。从表 8-8 可知，a = 0.0129，b = -0.0269，c = -0.01263，c' = -0.01257，则 $Effect_m$ = 0.02761。由此验证了本章的假说：农民工社会地位感知是农民工受教育程度影响其职业代际流动的重要中介机制。

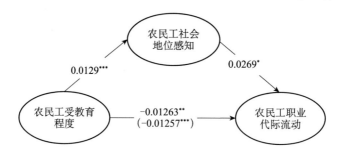

图 8-3　社会地位感知在其受教育程度影响职业代际流动中介效应路径

注：括号内数值为农民工受教育程度对其职业代际流动影响直接作用的回归系数。

由此可见，在农民工受教育程度对其职业代际流动影响的过程中，农民工综合自身资本储备与环境，分析而得出的社会感知，会影响个体效能感与职业结果期待，从而影响其职业代际流动。

2. 样本异质性分析。针对不同特征的农民工群体及其父母分别进行中介效应分析，有利于进一步细化和揭示农民工受教育程度对其职业代际流动决策行为的作用机理。

（1）基于农民工性别的异质性效应分析。表 8-9 报告了基于农民工性别差异下，农民工社会地位感知在农民工受教育程度影响其职业代际流动决策的中介效应检验结果。（1）~（6）列展示了男性的中介效应检验结果，（7）~（12）列报告了女性的中介效应检验结果。

表 8-9　　　　　　　基于农民工性别的异质性效应分析

	男性					
	（1）目前社会地位感知	（2）边际效应	（3）职业代际流动	（4）边际效应	（5）职业代际流动	（6）边际效应
农民工受教育程度	-0.9350*** (0.0410)	-0.3160*** (0.0080)	-0.0900* (0.0485)	-0.0200* (0.0112)	-0.0839* (0.0493)	-0.0189* (0.0113)
农民工受教育程度的平方	0.0463*** (0.0015)	0.0157*** (0.0003)	0.0036 (0.0026)	0.0008 (0.0006)	0.0033 (0.0026)	0.0008 (0.0006)

续表

	男性					
	（1）目前社会地位感知	（2）边际效应	（3）职业代际流动	（4）边际效应	（5）职业代际流动	（6）边际效应
目前社会地位感知					− 0.0079（0.0846）	− 0.0018（0.0190）
控制变量	Yes	Yes	Yes	Yes	Yes	Yes
Log likelihood	− 2 484.9233		− 2 438.3935		− 2 436.3689	
Wald chi2（12）	1 956.1900		109.7000		99.9500	
Prob > chi2	0.0000		0.0000		0.0000	
样本量	1 177	1 177	1 471	1 471	1 471	1 471
	女性					
	（7）目前社会地位感知	（8）边际效应	（9）职业代际流动	（10）边际效应	（11）职业代际流动	（12）边际效应
农民工受教育程度	− 0.5740***（0.1630）	− 0.1890***（0.0437）	0.3270（0.9670）	0.0792（0.2380）	0.3230（0.9680）	0.0782（0.2380）
农民工受教育程度的平方	0.0333***（0.0088）	0.0110***（0.0023）	− 0.0170（0.0492）	− 0.0041（0.0121）	− 0.0168（0.0493）	− 0.0041（0.0121）
目前社会地位感知					0.0597（0.1420）	0.0144（0.0349）
控制变量	Yes	Yes	Yes	Yes	Yes	Yes
Log likelihood	− 3 377.3431		− 2 119.963		− 2 118.8922	
Wald chi2（12）	181.2000		17.3400		17.2300	
Prob > chi2	0.0000		0.0982		0.1410	
样本量	1 433	1 433	1 029	1 029	1 029	1 029

注：***、*分别表示在1%、10%的显著性水平，括号中数字代表标准误。

　　根据前面中介效应的判断标准可知，无论是男性农民工还是女性农民工，农民工社会地位感知的中介效应均不显著。因此，中介效应不存在性别差异。

　　（2）基于新生代和老一代农民工的异质性效应分析。本章将在2018年这一调查年份年龄等于或大于38岁的农民工界定为老一代农民工，而低于 38 岁的劳动力界定为新生代农民工，以此来判别农民工受教育程度对不同时代农民工职业代际流动的影响是否存在异质性。表 8－10 报告了基于不同年代农民工差异下，农民工社会地位感知在农民工受教育程度影响其职业代际流动决策的中介效应检验结果。（1）～（6）列展示了老一代农民工的中介效应检验结果，（7）～（12）列报告了新生代农民工的中介效应检验结果。

表 8－10　　　　基于新生代和老一代农民工的异质性效应分析

	老一代农民工					
	（1）	（2）	（3）	（4）	（5）	（6）
	目前社会地位感知	边际效应	职业代际流动	边际效应	职业代际流动	边际效应
农民工受教育程度	－0.7360***	－0.2350***	－0.3710***	－0.0933***	0.8800***	0.2550*
	(0.0534)	(0.0113)	(0.1140)	(0.0359)	(0.1830)	(0.1310)
农民工受教育程度的平方	0.0481***	0.0153***	0.0206***	0.0052**	－0.0504***	－0.0146**
	(0.0032)	(0.0006)	(0.0067)	(0.0021)	(0.0101)	(0.0074)
目前社会地位感知					0.1040*	0.0302*
					(0.0616)	(0.0174)
控制变量	Yes	Yes	Yes	Yes	Yes	Yes
Log likelihood	－4 008.2319		－2 876.9807		－2 874.8396	
Wald chi2（13）	1 027.3900		1 097.9100		482.6000	
Prob＞chi2	0.0000		0.0000		0.0000	
样本量	1 742	1 742	1 515	1 515	1 515	1 515
	新生代农民工					
	（7）	（8）	（9）	（10）	（11）	（12）
	目前社会地位感知	边际效应	职业代际流动	边际效应	职业代际流动	边际效应
农民工受教育程度	－0.2730	－0.1000	1.0950	0.3200	1.0840	0.3160
	(2.2570)	(0.8180)	(1.1310)	(0.4430)	(1.2220)	(0.4750)
农民工受教育程度的平方	0.0134	0.0049	－0.0467	－0.0137	－0.0463	－0.0135
	(0.0968)	(0.0350)	(0.0475)	(0.0187)	(0.0514)	(0.0201)
目前社会地位感知					0.0339	0.0099
					(0.161)	(0.050)

续表

	新生代农民工					
	(7) 目前社会 地位感知	**(8)** 边际效应	**(9)** 职业代 际流动	**(10)** 边际效应	**(11)** 职业代 际流动	**(12)** 边际效应
控制变量	Yes	Yes	Yes	Yes	Yes	Yes
Log likelihood	− 1 469. 1179		− 1 425. 7081		− 1 424. 5198	
Wald chi2 (13)	41. 1700		72. 5300		71. 3500	
Prob > chi2	0. 0000		0. 0000		0. 0000	
样本量	868	868	985	985	985	985

注: ***、**、* 分别表示在 1%、5%、10% 的显著性水平,括号中数字代表标准误。

根据前面中介效应的判断标准可知,中介效应在老一代农民工中的影响效应较为显著,但中介效应在新生代农民工中的影响效应不显著。因此,农民工社会地位感知的中介效应存在年代差异。

(3) 基于农民工职业层级的异质性效应分析。本章按照农民工职业层次等级,对超过均值的样本划分为职业层级较高,而低于均值的样本就划为职业层级较低,来判别农民工受教育程度对其职业代际流动的影响是否存在异质性。表 8 - 11 报告了基于农民工职业层级差异下,农民工社会地位感知在农民工受教育程度影响其职业代际流动决策的中介效应检验结果。(1) ~ (6) 列展示了农民工职业层级较高的中介效应检验结果,(7) ~ (12) 列报告了农民工职业层级较低的中介效应检验结果。

表 8 – 11 　　　　　　基于农民工职业层级的异质性效应分析

	职业层级较高					
	(1) 目前社会 地位感知	**(2)** 边际效应	**(3)** 职业代 际流动	**(4)** 边际效应	**(5)** 职业代 际流动	**(6)** 边际效应
农民工受 教育程度	− 0. 4420 (0. 2830)	− 0. 1510 * (0. 0868)	0. 8880 (4. 3990)	0. 2260 (1. 5520)	0. 6620 (4. 6790)	0. 1550 (1. 3200)
农民工受教育 程度的平方	0. 0247 * (0. 0145)	0. 0084 * (0. 0044)	− 0. 0356 (0. 1770)	− 0. 0091 (0. 0624)	− 0. 0266 (0. 1880)	− 0. 0062 (0. 0531)
目前社会 地位感知					0. 0725 (0. 3330)	0. 0169 (0. 1000)
控制变量	Yes	Yes	Yes	Yes	Yes	Yes

续表

	职业层级较高					
	(1)	(2)	(3)	(4)	(5)	(6)
	目前社会地位感知	边际效应	职业代际流动	边际效应	职业代际流动	边际效应
Log likelihood	−2 325.1232		−641.02763		−640.53405	
Wald chi2 (13)	90.9800		26.0000		16.9000	
Prob > chi2	0.0000		0.0107		0.2041	
样本量	972	972	434	434	434	434
	职业层级较低					
	(7)	(8)	(9)	(10)	(11)	(12)
	目前社会地位感知	边际效应	职业代际流动	边际效应	职业代际流动	边际效应
农民工受教育程度	−0.8820 ***	−0.2870 ***	0.9460 ***	0.2940 ***	0.9410 ***	0.2890 ***
	(0.0308)	(0.0052)	(0.0860)	(0.0735)	(0.0977)	(0.0778)
农民工受教育程度的平方	0.0478 ***	0.0155 ***	−0.0498 ***	−0.0154 ***	−0.0496 ***	−0.0152 ***
	(0.0013)	(0.0003)	(0.0041)	(0.0037)	(0.0047)	(0.0039)
目前社会地位感知					0.0915 *	0.0281 *
					(0.0488)	(0.0164)
控制变量	Yes	Yes	Yes	Yes	Yes	Yes
Log likelihood	−3 572.7546		−3 859.9955		−3 857.8888	
Wald chi2 (13)	2 635.9700		1 365.4500		1 145.1500	
Prob > chi2	0.0000		0.0000		0.0000	
样本量	1 638	1 638	2 066	2 066	2 066	2 066

注：***、*分别表示在1%、10%的显著性水平，括号中数字代表标准误。

根据前面中介效应的判断标准可知，中介效应在农民工职业层级较低中的影响效应较为显著，但中介效应在农民工职业层级较高中的影响效应不显著。因此，农民工社会地位感知的中介效应存在职业层级差异。

（4）基于农民工技能水平的异质性效应分析。本章按照农民工是否获得职业资格证书、是否参加过技能培训，把农民工分为高技能和低技能两类，来判别农民工受教育程度对其职业代际流动的影响是否存在异质性。表8-12报告了基于农民工技能水平差异下，农民工社会地位感知在农民工受教育程度影响其职业代际流动决策的中介效应检验结果。（1）~（6）列展示了农民工高技能水平下的中介效应检验结果，（7）~（12）列报告了农民工低技能水平下的中介效应检验结果。

表 8 – 12　　　　　　　　　基于农民工技能水平的异质性效应分析

	高技能水平					
	(1) 目前社会 地位感知	**(2)** 边际效应	**(3)** 职业代际 流动	**(4)** 边际效应	**(5)** 职业代际 流动	**(6)** 边际效应
农民工受 教育程度	− 0. 7250 (2. 2610)	− 0. 2490 (0. 7960)	0. 8400 *** (0. 0548)	0. 2360 *** (0. 0174)	− 0. 5290 *** (0. 0621)	− 0. 1510 *** (0. 0212)
农民工受教育 程度的平方	0. 0315 (0. 0932)	0. 0108 (0. 0329)	− 0. 0335 *** (0. 0026)	− 0. 0094 *** (0. 0008)	0. 0216 *** (0. 0029)	0. 0062 *** (0. 0010)
目前社会 地位感知					− 0. 1510 (0. 1240)	− 0. 0430 (0. 0354)
控制变量	Yes	Yes	Yes	Yes	Yes	Yes
Log likelihood	− 650. 05258		− 794. 60057		− 792. 37776	
Wald chi2	44. 5600		7 214. 4800		2 744. 2800	
Prob > chi2	0. 0000		0. 0000		0. 0000	
样本量	416	416	595	595	595	595
	低技能水平					
	(7) 目前社会 地位感知	**(8)** 边际效应	**(9)** 职业代际 流动	**(10)** 边际效应	**(11)** 职业代际 流动	**(12)** 边际效应
农民工受 教育程度	− 0. 7120 *** (0. 0764)	− 0. 2330 *** (0. 0193)	0. 1160 ** (0. 0582)	0. 0251 ** (0. 0127)	0. 1080 * (0. 0591)	0. 0233 * (0. 0129)
农民工受教育 程度的平方	0. 0413 *** (0. 0040)	0. 0135 *** (0. 0010)	− 0. 0068 ** (0. 0035)	− 0. 0015 * (0. 0008)	− 0. 0064 * (0. 0035)	− 0. 0014 * (0. 0008)
目前社会 地位感知					0. 0565 * (0. 0748)	0. 0122 * (0. 0162)
控制变量	Yes	Yes	Yes	Yes	Yes	Yes
Log likelihood	− 5 039. 5516		− 3 562. 1266		− 3 559. 8588	
Wald chi2	677. 9000		74. 66		79. 19	
Prob > chi2	0. 0000		0. 0000		0. 0000	
样本量	2 194	2 194	1 905	1 905	1 905	1 905

注：*** 、** 、* 分别表示在 1% 、5% 和 10% 的显著性水平，括号中数字代表标准误。

　　根据前面中介效应的判断标准可知，中介效应在农民工低技能水平下的影响效应较为显著，但中介效应在农民工高技能水平下的影响效应不显著。因此，农民工社会地位感知的中介效应存在职业技能差异。

第九章　基于实践运用的教育人力资本传承对农民工职业代际流动影响的案例研究

从前面章节实证分析结果可以得出，教育人力资本传承对农民工职业代际流动产生了重要影响，社会地位感知在其中发挥了中介变量的作用。那么，具体到每个个案时，教育人力资本传承对农民工职业代际流动的影响是如何发生作用的呢？因此，本章希望深入祖国大地的各个地区，挖掘具有代表性的个体案例，通过考察他们生命历程中职业代际流动具体过程，以生命历程理论为脉络梳理工具，以人物访谈为手段了解其社会地位感知状况，进一步用鲜活的个体生命事件来描绘和探寻教育人力资本传承对农民工职业代际流动的影响。

一、农民工职业代际流动生命历程实践分析

（一）农民工职业代际流动生命历程实践概述

每个人都会经历生物学意义的出生、长大、成熟、衰老、死亡等这样一个自然的过程，而且会受家庭、社会、经济、政治、环境等各个方面的影响，当我们用历史的和社会的视角来看人的一生的时候，就变成了人的生命历程。实际上，人的生命历程就是由诸如受教育阶段、结婚、职业发展、步入婚姻、生儿育女、父母去世、住宿搬迁、退休等一系列有序事件的组合。个体生命历程会因历史的发展、时空的变化而变化，在不同时间、不同地点发生的这些事件也会对个体产生不同的影响。

生命历程理论来自芝加哥学派对移民的研究，是国际上正在兴起的一种跨学科理论，它侧重于研究剧烈的社会变迁对个人生活与发展的显著影响，将个体的生命历程看作是更大的社会力量和社会结构的产物。"一切教育都是通过个人参与人类的社会意识而进行的。"生命历程理论的基本分析范式是将个体的生命历程理解为由多个生命事件所组成的序列，同样的

生命事件，因排序不同也会对人的一生产生不同的影响。

生命历程理论的基本原理大致可概括为四个方面，分别是"一定时空中的生活"原理、"相互联系的生活"原理、"生活的时间性"原理、"个人能动性"原理，它强调人与环境的适应与匹配。

（二）农民工职业代际流动生命历程实践选择

首先，农民工的职业选择与代际传承是发生在一定的历史时空之中的，每个时代对每份职业的期待和价值是有一定区别的，比如20世纪80年代，社会对拥有"铁饭碗"的公职人员相关工作种类认可度非常高，而当时个人经商的社会地位并不是特别高。可是到了2015年，国家将创新创业提到了一个新的高度，创业者的社会地位提高了很多，所以人们对创业者这个职业在认可度方面有了巨大变化。

其次，农民工的职业选择与代际传承是与个体生命当中其他事物相互联系的，一个人的职业选择与传承除了受个人的知识、技能、兴趣等因素影响之外，还受其家庭背景、家庭需求、亲戚朋友等社会关系的影响，甚至是家庭中的兄弟姐妹排序都会影响职业的选择，在家庭经济贫困的情况下，依靠哥哥姐姐提前出来打工来供弟弟妹妹上学的案例不是少数，而其中农民工占据了很大一部分。即使在经济比较富裕的家庭，个人的职业也仍然会受家庭和社会相关因素的影响。

再次，农民工的职业选择与代际传承是受生活的时间性影响的。每件事情发生的顺序不一样，对一个人的影响也是不一样的，比如以家庭成员发现重大疾病这件事情为例，如果一个人在求学阶段父母等家庭成员发现重大疾病，这将直接影响到他的求职就业问题。但如果父母等家庭成员发现重大疾病这件事情发生在一个人职业已经基本稳定之后则不一样了。因此，农民工的职业选择与代际传承会受生活中每件事情所发生时间的影响，倘若在求职之前有一些有利于职业选择的大事件发生，则将职业选择推向更好的方向；反之，倘若在求职之前有一些不利于职业选择的大事件发生，则将职业选择推向更坏的处境。

最后，农民工的职业选择与代际传承也受个人能动性的影响。社会环境和家庭环境都会影响个体的职业决策，但每个人面对环境的冲击和影响程度确实是不一样的，即便是同样面对家庭变故，有的人可能因此而日渐颓废，影响职业的发展；而有的人可能因此奋发图强，反而有利于职业的成长。社会中逆袭人生的案例层出不穷，这也反映出面对逆境的坚韧不拔，由此可见，个人经历和性格特征等能动性也是影响职业的关键要素。

在这个过程中，教育一方面间接影响着历史时空的大环境、生命中各项事务的联系、生命中各项事务的时间性，另一方面直接影响着每个人的能力、个性等个体能动性方面，而这些通过"社会感知"中介元素影响职业的选择与代际传承。

二、教育人力资本传承与农民工职业代际流动生命历程实践轨迹

本部分采用案例研究法，运用非参与观察与深度访谈收集研究对象相关资料，选取符合我国农民工分布特点的东部、中部、西部三个典型地区，然后在每个地区选择四位农民工作为代表，通过他们的职业选择与生命轨迹来观测农民工职业代际流动的发生规律。

（一）东部地区农民工职业代际流动生命历程实践轨迹

本部分选取江苏省徐州市作为东部地区的代表，通过四位不同职业和经历的农民工案例来解析其职业代际流动规律，如表9-1所示。

表9-1 　　　　　东部地区四位农民工的基本情况与生命轨迹

基本情况		案例人物1	案例人物2	案例人物3	案例人物4
父母基本情况	学历	初中	小学	小学	初中
	职业	本地做些货运生意	本地务农，贩卖一些季节蔬菜	本地务农，种植蘑菇	种植绿化树
	出生年代	20世纪60年代	20世纪60年代	20世纪50年代	20世纪60年代
农民工个人基本情况	学历	初中	初中	初中	高中
	目前职业	公司合伙人	长途货运司机	装饰漆公司技术总监	公司负责人
	出生年份	1991年	1991年	1976年	1994年
	第一份职业	旅馆经营者	工厂打工	工厂打工	种植绿化树

续表

基本情况		案例人物 1	案例人物 2	案例人物 3	案例人物 4
农民工个人基本情况	重大事件的时间	1989 年家里建房 2010 年自己开旅馆 2012 年结婚 2018 年离婚	2013 年结婚 2018 年家里建房	2007 年结婚 2019 年上海买房	2020 年成立公司

案例人物 1，赵××，男，江苏徐州人，出生于 1991 年。父母出生于 20 世纪 60 年代，由于家庭困难，初中毕业就回家务农了，起初种些大棚蔬菜，但收入一直不高；父亲头脑比较灵活，开始钻研赚钱的门道，随着农村居民收入的不断增加，农村房屋建设规模越来越大，所以对建筑材料的需求也越来越高，父亲就开始买车做起了建筑材料运送生意，家庭收入稳步提高，也盖了新房，母亲主要在家操持家务。赵××出生时，家庭收入已经比较稳定，所以从小就被溺爱，小学成绩还不错，初中时由于读的是寄宿式学校，一周回家一次，家长也没法监管，导致其开始跟社会上的闲散人员越来越熟，初中毕业后就不想读书，刚开始，父母托熟人给其找了几份工厂打工的工作，由于年龄小也吃不了苦，没干多久就辞职了，后来跟一帮社会上的朋友开起了旅馆，由于经营不善，最后倒闭了，后来又跟其他朋友合伙做生意。

案例人物 2，汪××，男，江苏徐州人，出生于 1991 年。父母出生于 20 世纪 60 年代，祖父曾当过村党支部书记，但父母不爱学习，小学毕业就没有念书了。父母结婚后，主要在家务农，并利用农闲时节贩卖一些季节性蔬菜。汪××初中毕业后，跟着亲戚去南方工厂打工，并认识了现在的爱人，打工几年后，发现存不了几个钱，特别是有孩子后，开销太大，就有了自己干的想法。因此，在南方建筑工地负责拉砖赚了一些钱之后，在老家也盖了房子，随着孩子长大上学需要人照顾，爱人就回家照顾，他自己也想回家，后来就买了一辆货车，天南海北地给人送货，做起了物流工作，收入不错，也自由自在，就是有些辛苦。

案例人物 3，樊××，男，江苏徐州人，出生于 1976 年。父母出生于 20 世纪 50 年代，祖代家境平凡，父母在小学毕业之后就在家务农，但头脑灵活，除了种庄稼外，自己拜师学习了种植蘑菇，成为当地远近闻名的

· 155 ·

种植大户，收入还不错，但后来随着种植蘑菇的人越来越多，生意就变得比较难做了。樊××初中毕业后，由于觉得种植蘑菇没有前途，自己也吃不了苦，就选择去上海打工，刚开始主要是在装饰漆公司从事一些辅助性工作，但由于人比较实在，深受技术师傅的喜欢，慢慢传授其一些制漆技术，加上自己也比较好学，慢慢就掌握了制漆的技能，随着一批老员工的退休，樊××开始崭露头角，一步步成为车间主任、技术总监，也在上海买了房子，并邀请父母一起到上海生活，帮着带孩子。

案例人物4，张××，男，江苏徐州人，出生于1994年。父母出生于20世纪60年代，父母在初中毕业之后就从农村到城市，开始在城市郊区种些蔬菜。但慢慢发现，种植蔬菜赚钱比较少，正好赶上城市化进程加快的好时机，父母干起了城市绿化树种植，收入比种植蔬菜高了好几倍。张××高中毕业后，由于没有考上大学，就跟着父母来到了城市，起初是跟着父母一起种植绿化树，但随着见识不断增长，张××也摸索到了其中的门道，自己跟着几个亲戚合伙开了一个结合种植、销售于一体的园林有限公司，自己负责经营管理工作，父母还是主要负责打理种植园，还带动了很多亲戚致富。

从东部地区四位农民工的职业选择与生命轨迹中，我们可以发现其父母教育人力资本和农民工自身教育人力资本均发挥着重要作用。

首先，父母教育人力资本奠定前行的基调。从表9-1中可以看出，虽然四位案例人物的父母所从事的职业大同小异，但由于案例人物1和案例人物4的父母均拥有初中学历，以至于这两位案例人物最后所到达的职业层次更高。按照学者陆学艺关于职业的分类，案例人物1和案例人物4最后都实现了职业代际向上流动，到达了经营管理人员这一个职业层次，至少属于十大类职业分类里面的第四层，甚至是随着公司规模的扩大，可以向第一个职业层级靠近。而案例人物2和案例人物3由于父母本身均只有小学文化程度，案例人物2在传承父母所在层次职业的基础上稍有改进但整体几乎没有层级的跨越，案例人物3没有如案例人物1和案例人物4那么大的跨越，但由于其个人能动性比案例人物2又有了更大的职业层级流动。由此可见，父母的受教育程度对子女的职业选择与流动具有一定的影响，并在现实中以其独特的形式发挥着各种看得见和看不见的作用。

其次，农民工自身教育人力资本是构成定调的关键。从表9-1中可看出，实现职业代际向上流动跨度最大的是案例人物4，他是这四个人中文化程度最高的，拥有高中文化程度的他在职业选择过程中拥有更多机会和可能，所以能够从种植绿化树中捕捉到商机，能够根据市场经济发展态势寻找到机会，最终创立公司，完成个人职业的华丽转身。在其他三个案例人物中，尽管三人同样拥有初中文化程度，不过案例人物3依靠个人专业技术积累实现了职业层级的跨越，其他两位案例人物在职业层次向上流动方面就会弱很多。由此可见，子女受教育程度在子女职业选择与流动中具有一定影响，并从各个方面发挥着或大或小的影响作用。

最后，社会地位感知是农民工职业从基调到定调的关键。案例人物1和案例人物4家庭以小本生意为主，在处于务农的周边环境中均拥有较强的社会地位感知优越感，而案例人物4因个人受教育机会等因素，又拥有了更强的个人社会地位渴求与机会，故这两位案例人物都形成了更为强烈的社会地位感知，从而促进了职业代际流动。

（二）中部地区农民工职业代际流动生命历程实践轨迹

本部分选取湖北省恩施市作为中部地区的代表，仍然通过四位不同职业和经历的农民工案例来解析其职业代际传承规律，如表9-2所示。

表9-2　　　　　中部地区四位农民工的基本情况与生命轨迹

基本情况		案例人物5	案例人物6	案例人物7	案例人物8
父母基本情况	学历	未上小学	初中	小学	小学
	职业	本地木匠	本地个体工商户	建筑行业务工	生产维修领域工人
	出生年代	20世纪50年代	20世纪50年代	20世纪60年代	20世纪60年代
农民工个人基本情况	学历	小学	初中	初中	大专
	目前职业	本地木匠	村支书	深圳餐饮公司务工	创业公司老板
	出生年份	1972年	1976年	1983年	1988年
农民工个人基本情况	重大事件的时间	1987年父亲生病 1992年结婚 1995年哥哥去世	1998年结婚 2000年哥哥成村医	2005年结婚 2007年离婚 2010年再婚	2014年结婚 2018年母亲生病

案例人物5，连××，男，湖北恩施人，出生于1972年。父母出生

于 20 世纪 50 年代，鉴于当时的历史和祖代家庭因素父母均未能有机会上小学，最终父亲以给本村及其周边地区当木工来维持生活，母亲在家务农。由于家庭等各方面原因，仅仅小学毕业的他就跟随父亲开始了木匠学徒的生活；而在他 15 岁那年，父亲得了一场大病，于是他不得不更加勤奋地学习木工，以便改变之前由父亲主导他辅助的角色；20 岁的时候，在亲戚朋友的牵线下，与同村女孩结婚；23 岁的时候，哥哥因为在外挖煤打工中不幸去世，此时的他明白必须将父亲的木匠手艺学得更好一些，他也正式从父亲那里接过这个接力棒，因为这个家庭再也经不起任何变故了。

案例人物 6，刘××，男，湖北恩施人，出生于 1976 年。父母出生于 20 世纪 50 年代，由于祖代家庭环境优越父母均受到了较好的教育，父亲还是初中毕业，在当时的环境中已经属于获得了较高教育资本的人了。父母在当地开设了一个小型超市，属于当地早期的个体工商户。深受父母经营管理思想的影响，他初中毕业之后也投身父母的小超市经营管理之中，成了超市里的一名服务人员。在超市工作期间，广泛接触到各种类型的人，一方面在其中遇到的自己的意中人，并在其 22 岁的时候如愿成婚；另一方面，也结识了周边形形色色的人，并对管理工作产生了浓厚的兴趣。于是，超市的经营管理再也承载不了他心中更大的"管理梦"，于是经过自己的学习和努力，加上家庭超市经营多年的人脉积累，最终成就了他的"管理梦"——成了村支书。当然，在这个过程中，哥哥比他早几年工作，成了村里面大家认可的村医，这也为他成为村支书奠定了良好的群众基础。

案例人物 7，胡××，女，湖北恩施人，出生于 1983 年。父母出生于 20 世纪 60 年代，祖代家境平凡，父母在小学毕业之后就踏上了外出打工之路，辗转各地，主要从事建筑工人和餐饮行业服务人员的工作。父母外出务工之路是比较顺利的，所以她读书的经济来源是不愁的，不过长期在爷爷奶奶陪伴下的留守儿童经历让她极其渴望与父母在一起的生活。因此，初中毕业之后的她就不想继续读书了，毅然决然地跟随爸爸妈妈来到深圳，并与爸爸妈妈一道开启了餐饮行业的服务人员之路。尽管餐饮行业的打工生活比较辛苦，但是能够跟日思夜想的父母在一起生活她也比较满足当下的生活境遇。并在 22 岁的时候与同在深圳打工的外地人结婚，但实际相处过程中发现并不是同路人，所以两年之后离婚。三年后，在工作中结识了第二任丈夫，并于 2010 年结婚。

案例人物 8，连××，男，湖北恩施人，出生于 1988 年。父母出生于 20 世纪 60 年代，祖代家境平凡，父母在小学毕业之后就从农村到城市，开始在生产维修领域谋求生计。父母的打工之路也算比较顺畅，这也在他心里慢慢种下了一颗奋斗改变生活的种子。不过，父母对他的学习要求比较严格，连××最终获得了大专文凭，并凭借自己的能力和一定的人脉关系最终获得了恩施思乐集团的工作。这份工作让其职场之初的路也较为顺畅，并在其 26 岁的时候与当地一名小学教师结婚。稳定的生活给予了他奋斗的基础，同时也激发了他进一步奋斗的决心，随着国家对创新创业的日益重视，他开始萌发了自主创业的想法。而在他 30 岁那一年，母亲的癌症确诊让整个家庭的迅速发展顿时按下了暂停键，高昂的手术费用将整个家庭几十年的积累甚至是父母的养老储蓄全部耗尽。正是这个突如其来的打击，更加坚定了他扛起身上的责任，终于下定决心走进他早已准备了好几年的更高风险但也可能更高回报的创业之路，成了一名自主创业者。

从中部地区四位农民工的职业选择与生命轨迹中，我们可以发现其父母教育人力资本和农民工自身教育人力资本均发挥着重要作用。

首先，父母教育人力资本奠定启航的基础。从表 9 - 2 可以看出，在四个案例人物中，只有案例人物 6 的父母享受过初中教育，其他三位的父母都只有小学甚至小学以下教育程度，所以案例人物 6 的教育经历、职业起点明显要优于其他几位研究对象；在四个案例人物中，案例人物 6 的父母职业也是这四个案例人物中拥有职业等级最高的一对父母了，当然主要是根据其拥有和支配的资源来划分的。在父母教育及其对应职业的影响下，该农民工本身的受教育程度、职业发展也更为顺利，最终成了村支书，这已经将职业等级上升为第一等级即各类组织的管理人员行列了，实现了比较大跨度的职业代际流动。而其他三位研究对象由于其父母受教育程度不高，可能间接也影响了子女的受教育和职业选择，以至于这三位要么子承父业未发生职业代际流动，如案例人物 1 继续选择父母的木匠职业；要么继续在父母所在的行业或者其他行业从事类似跨度并不大的维修、服务工人，也没有发现明显的或者说跨度大的职业代际流动，如案例人物 7 选择跟父母一致的餐饮行业从事相关工作。从这个案例可以看出，父母教育人力资本对子女的职业代际流动奠定了基调，父母的教育人力资本实际上成为子女前行的起点和基础。

其次，农民工自身教育人力资本构成定型的关键。尽管父母教育人力资本奠定了子女前行的基调，但子女前行的最终定调还在于其个人的努力。基调决定了最终定调的方向和基础，当然定调也可以改变基调的内容和高度。比如表 9 - 2 中的案例人物 7 和案例人物 8 家庭环境几乎相似，父母的教育人力资本都只有小学文化程度，父母职业也基本都是工人身份。但是案例人物 7 最后的职业定调未发生大跨度的职业代际流动，仍然从事餐饮行业中的服务工作；案例人物 8 却能够从最初的工人逐渐成长为创业公司老板，这里面有个关键的差别在于案例人物 8 自身的教育人力资本更高，拥有大专文化程度，因此其最后实现了职业代际流动的发生。从这个案例可以看出，农民工自身教育人力资本对职业代际流动的定调起着关键作用，其自身教育人力资本实际上成为前行的持续动力和关键要素。

最后，社会地位感知是农民工职业从启航到定型之间的秘密武器。案例人物 6 是出于对家庭社会地位的高度认可，案例人物 8 是个人对社会地位的强烈诉求，这两种强烈的社会地位感知均促成了他们个人社会地位感知的提升，进而促进了其职业代际流动。

（三） 西部地区农民工职业代际流动生命历程实践轨迹

本部分选取贵州省遵义市作为西部地区的代表，仍然通过四位不同职业和经历的农民工案例来解析其职业代际流动规律，如表 9 - 3 所示。

表 9 - 3　　　　　　西部地区四位农民工的基本情况与生命轨迹

基本情况		案例人物 9	案例人物 10	案例人物 11	案例人物 12
父母基本情况	学历	小学	初中	小学	小学
	职业	二次结构木工	工地务工	外地工厂杂工	房屋装修工人
	出生年代	20 世纪 60 年代	20 世纪 60 年代	20 世纪 70 年代	20 世纪 50 年代
农民工个人基本情况	学历	初中	中专	中专	初中
	目前职业	二次结构木工	广东电子厂技术工人	房地产销售工作	房屋装修包工头
	出生年份	1994 年	1992 年	1983 年	1982 年

续表

基本情况		案例人物 9	案例人物 10	案例人物 11	案例人物 12
农民工个人基本情况	第一份职业	二次结构木工学徒	广东工厂务工	广东汽车厂杂工	房屋装修学徒
	重大事件的时间	2005 年母亲去世 2019 年结婚	2016 年结婚 2017 年女儿出生	2015 年奶奶去世	1992 年母亲去世 2008 年结婚 2020 年离婚

案例人物 9，杨××，男，贵州遵义人，出生于 1994 年。父母出生于 20 世纪 60 年代，鉴于当时的历史和祖代家庭因素父母均是小学文凭，父亲为了照顾家里的老人和小孩，在当地做二次结构木工来维持生活，母亲在家务农。在他 11 岁那年，母亲得了一场大病，花光了家里所有的积蓄，经医治无效去世，为了维持生计，从此父亲前往贵阳做二次结构木工。由于父亲长期不在身边，很多时候由爷爷奶奶照料，导致学习欲望不高；在初中毕业后，爷爷奶奶年纪大了，经常生病，家庭生计愈发困难，结束学习生涯，无奈下跟随父亲外出学习木工；25 岁的时候，在亲戚朋友的牵线下，与当地女孩结婚；结婚后，为了维持新的家庭他不得不更加勤奋地学习技术，以便改变之前由父亲主导他辅助的角色。

案例人物 10，吴××，男，贵州遵义人，出生于 1992 年，其父母均出生于 20 世纪 60 年代，父亲兄弟共五人，排行老二，文化水平为初中，当时因初中升学考试未能通过，且复读两年也未能如愿升入高中，故而辍学，赶上当时中西部地区农民工"杀广"潮流，前往广东广州务工，后来十余年一直在同一地区务工。而主人公吴××因父母常年在外务工，由家中祖父代为监护，从小不爱学习，初中毕业之后，未能升入普通高中继续深造，选择了就读职校（中专）但中途辍学，前往浙江务工，2016 年结婚后，次年女儿出生，妻子在家带孩子，2022 年孩子已在上一年级。2022 年过完春节后，父亲因年事已高，选择离家近的重庆务工。而他则前往广东务工。父子两代人的心血都倾注在了他女儿身上。

案例人物 11，张××，男，贵州省遵义人，出生于 1996 年。父亲出生于 20 世纪 70 年代，出生地在黔渝交界的农村地区，曾祖母今年已 95 岁高龄，爷爷为六兄弟中的长子，今年 71 岁，奶奶于 2015 年去世。他拿到中专文凭，今年 25 岁，现已工作；妹妹今年高三，面临高考升学压力。父母均在广东东莞务工，两人工资都为七千多，其工资要负担爷爷和曾祖母的生活费以及妹妹的学杂费等，由于父母两人文化水平较低，只能在工厂里从事重货物搬运工作。常年的高强度工作，使得父母两人都患有腰部疾病。他现在家乡县城从事房地产销售工作，现在尚未结婚，已在县城按揭购买了商品房，每个月的工资，除了还房贷，就用于生活和娱乐消费，有时还要其父母提供资金援助，每个月几乎没有存款，父母的愿望就是他能早日结婚成家。

案例人物 12，李××，男，贵州遵义人，出生于 1982 年。父母出生于 20 世纪 50 年代末，父亲家中兄弟五人，排行老二，其中老五小时候由于生病用错药导致成了聋哑人，并且祖代家境贫寒，均以务农为生，他 10 岁时母亲突发疾病，由于家庭经济困难无法医治去世了，父亲一边务农一边担任村民组组长，含辛茹苦将其抚养长大。他从小缺乏母爱，极其任性，读到初中便放弃了学业，从此父子两人前往遵义市区务工。父亲在亲戚的帮助下学习了房屋装修工作，他虽然不想读书，但是学习技能上手很快，从此父子两人便开启了承包房屋装修工作。经十余年的打拼，在他 26 岁那年，终于在遵义买了房，结了婚，婚后生育了两个女儿。2019 年，父辈家庭发生纠纷，兄弟四人都不愿意承担为老父亲养老的义务，经过多方协调，加之他的仁爱之心，将其接入家中照料。却因此而引发了妻子的不满，加之夫妻两人积累了多年的矛盾，次年以离婚告终。妻子离婚后将两个孩子都留给他，同时父亲年事已高，不能继续工作，这无疑加大了他身上的责任，但他还是扛住了压力，加大了工作的承包量，扩大了自己的团队，短短两年换了车，换了房。

从西部地区四位农民工的职业选择与生命轨迹中，我们可以发现其父母教育人力资本和农民工自身教育人力资本均发挥着重要作用。

首先，父母教育人力资本奠定前行的起点。从表 9-3 可以看出，在四个案例人物中，只有案例人物 10 的父母受过初中教育，其他三位的父母都只有小学教育程度，所以案例人物 10 的教育经历、职业起点明显要优于其他几位研究对象，而且他的一生相对都比较顺利，大起大落比较少，其最终的职业也跨越了父代所在的职业层级，跻身专业技术行列；其他三位案例人物父母教育起点均是小学，案例人物 9 完全继承了父代的职业，案例人物 11 对父代职业层级稍有突破，但是走得并不算很远，基本是跨越一个职业层级。从这个案例可以看出，父母教育人力资本为子女的职业代际流动奠定了基石，父母教育人力资本实际上成为子女前行的重要条件和前提。

其次，农民工自身教育人力资本是构成终点的关键。尽管父母教育人力资本给了子女前行的起点，但是到底能走多远，终点的到达还是取决于农民工自己。在以上四位西部地区的案例人物中，案例人物 9 和案例人物 12 只有初中教育程度，而案例人物 10 和案例人物 11 拥有中专教育程度，我们可以明显地看出案例人物 10 和案例人物 11 最终所到达的职业层级明显高于案例人物 9 和案例人物 12。其实案例人物 11 的父母受教育程度也只有小学，与案例人物 9 和案例人物 12 是一样的，或许是案例人物 11 自身的教育人力资本在指引着他走得更远。从这个案例可以看出，子女自身的教育人力资本投资对子女的职业代际流动的终点到达起着关键作用，子女自身的教育人力资本实际上成为他们前行的最终决定要素。

最后，社会地位感知是农民工职业从起点到终点的重要法宝。案例人物 10 良好的家庭教育环境让他形成了较高的社会地位感知，而案例人物 11 则是出于"寒门出贵子"的心理让他拥有了更为强烈的社会地位诉求，这两位案例人物的社会地位感知均更为强烈，从而促进了其职业代际流动。

三、农民工职业代际流动生命历程实践的共同规律与作用方式

纵观东部、中部和西部三个地区农民工的生命历程，发现从生命历程的角度可以找寻一些共同的规律，而这些共同规律的背后又有怎么样的作用路径呢？

（一）职业代际流动生命历程实践的共同规律

在东部、中部、西部三个地区的 12 个农民工的典型事例中，我们能够发现他们的事迹都受到一定时空的限制、依靠了个人的网络支持、家庭重大事件对他们职业的影响，当然最重要的是他们个人的主观能动性。以下将具体分析他们的共同规律。

1. 历史时空的方向指引：社会经济需求与个体人力资本的匹配发展。

生命历程理论认为，任何个体的生命历程都是在特定的社会历史时空中来展开的，受到当时社会历史条件制约的。以上 12 位案例人物所生活的时代不尽相同，我们可以发现 20 世纪末和 21 世纪初农民工职业选择更多的是去经济发达地区打工，而到了近十年尤其是近五年，年轻人慢慢地开始找寻自主创业路径，这可能跟国家近年来提倡"大众创新、万众创业"有很大关系。

如表 9 - 1 所示的东部地区的案例人物 1 和案例人物 4 都在近 10 年选择了自己创业或者与朋友合伙创业，在与案例人物 4 访谈的时候，他提到：

"爸妈辛苦了一辈子，从种菜到种植绿化树，尽管很辛苦，但是总是处于这个赚钱链条的最底端，每一年我们的辛苦能否换来钱取决于是否有人来购买我们的产品，而且即便卖得顺利赚钱也很有限。万一遇到市场不好的年份，倒霉的就是我们这最底端的群体了。于是，我想改变这个现状，加上现在国家大力提倡创业并且还有政策支持，刚好可以让我的梦想成为现实，为何不试一试呢？"（案例人物 4）

"爸妈的辛苦和赚钱不多"是他内心一直以来的疑惑，而国家对"创业的政策支持"是让他创业的直接动因，也是关键的创业准备要素。倘若不是在这个特定的鼓励创业的经济背景下则不具备这个创业要素，正是他这一试，就试出了一个公司，既成就了他自身的职业发展，也为家庭带来了经济财富和社会地位，还可以帮着亲戚朋友一起致富。

2. 相互联系的支撑系统：父代资本储备与个体网络支持的双重作用。

根据生命历程理论，个体的职业选择与生命轨迹与其周围的各种联系网络密切相关。因为任何一个个体都是存在于一定的群体和社会组织之中，不可能孤立存在。个人的职业发展更是依赖于一个单位或者组织的培养，只有与他人的互动，才能实现个人价值。

如表 9 - 2 所示的中部地区的案例人物 6 最终成了村支书，从陆学艺学者关于社会阶层分化来说，他已经走向了最高社会阶层，成了社会各类组织的管理者群体，也就是我们通常意义上的领导干部。但实际上他一路走来也是家庭、亲戚、邻居一路支持的结果。

"我这个村支书就是为大家服务的，因为从小我就受到了村里街坊邻居的照顾，从小我就生活在大家的关照之下，记得从很小开始，几乎全村所有人都认得我，也都待我很好，几乎走到哪里都有人热情招呼我并给我

各种吃的。所以我觉得长大之后尽我所能为大家服务。"（案例人物6）

案例人物6的父母在当地开了一家超市，而且他父母十分热情、会做生意，一方面能做到严把商品质量关，做到诚信经营；另一方面能够视村里邻居为生命中很重要的人、不斤斤计较，所以久而久之大家也愿意去他们的超市，并与他们建立了良好的人际关系，自然村里的人也能感受到他们的友善，对他们的孩子也倍加关照。由此不难发现，父母给他构建了一个强大的社会网络支撑系统，村里的人都对他十分友善和支持，某种意义上来说是父母的这种资本储备给他创造了强大的、相互联系的支撑系统，为他日后的职业选择奠定了坚实的基础。

3. 生命事件的影响要素：家庭重大事件与个体发展阶段的相互影响。

每个人的生命历程是由一系列大大小小的生命事件所组成的，事件出现的先后顺序将会影响一个人的职业选择与发展，自然也就影响职业代际流动。如果说在一个人的职业发展初期甚至是受教育阶段，所遇到的都是生命中比较顺畅的大事件，这将有利于职业的良性发展；反之，如果在一个人的职业发展初期或者是受教育阶段，遇到重大的家庭变故，这将直接影响个人的职业发展。即便是同一件事情，出现在一个人的受教育、职业初期或者是职业中期，均将对其产生的影响是不一样的。也就是说，生命时间发生的先后顺序构成是影响一个人职业发展的重要因素。

如表9-2所示的中部地区案例人物5和案例人物8同样在生命历程中比较早就遇到了父母重病，不过由于案例人物5在其15岁的时候父亲就因重病不能干活，而案例人物8在其30岁的时候遇到母亲重病需要人照顾，但对两个人的职业发展影响是不一样的。

"父亲是家里的顶梁柱，父亲倒下来一时间感觉整个家庭就倒下了。那时候的我还不太理解养家糊口一说，但是我知道我要用刚学一年多的木匠技术去给别人家干活，就这样干着干着我慢慢地明白了，我要用父亲教给我的木匠手艺来赚钱养家了。除此之外，我啥也不会。"（案例人物5）

"万能的妈妈一时间躺在医院里，慌乱和心痛之后我知道最重要的要寻求更多的经济来源，因为我知道要让妈妈完全好起来得需要一笔超出我们家庭经济能力的治疗费用，为了应急能借的钱都借了，妈妈渐渐好起来了。但我知道必须想办法去填一下这个欠债之洞，最后毅然决然地走了之前还在犹豫的创业之路，还好国家政策好，加上之前的准备足、运气好，

让我很快就看到了生活的希望。"（案例人物 8）

在这两个案例中，案例人物 5 的父亲生病出现在其职业发展刚刚开始的时候，所以一定程度上阻碍了其职业的进一步发展，从而影响了职业代际流动；而案例人物 8 的母亲生病出现在其职业发展有一定积累之时，反而成为其进一步拓展职业发展的影响因素，从而促进了职业代际流动，当然这也缺少不了他本人长期以来的人力资本积累。不过，这种家庭重大事件出现的先后顺序确实会影响个人的职业选择与代际流动。

4. 高能动性的决定因素：个体人力资本与主观能动意识的驱动升华。

根据生命历程理论，每个个体的选择行为除了受到社会情境因素的影响，更重要的是还受到个体经历、能力、性格等因素的影响。无论是个体职业的选择，抑或是个体职业所能提升的过程，还是后续所能达到的跨越重点，个体能动性是影响职业选择与代际流动的极其重要的因素。

如表 9-3 所示的西部地区的案例人物 9 和案例人物 12 家庭环境相似，父母均只有小学教育程度，父母均是从事建筑类工作，而且两人都在 10 岁左右面临母亲去世的家庭变故，但最终两人所到达的职业终点是完全不一样的，案例人物 9 最终从事父代的职业，属于职业分类里面的维修工人层级，而案例人物 12 从父代的维修工人直接上升为装修管理人员行列。案例人物 10 也是根据自己所学的专业知识，凭借个人的主观能动性，跨越了父代所在的杂工职业阶层而直接跻身专业技术人员行列。

"跟着父母一起在广东打工十多年，在这个过程中可谓是酸甜苦辣咸全部尝过了，也算是看到了人世百态。随着父亲年龄的增长，我不想让父亲的后半生像前半生那么辛苦。为了让父亲能够过得更好，慢慢地我发现只有拥有专业技术才能改变我们现在的处境，于是我重新拾起中专所学的书本，力求在专业技术方面突破，最终如愿以偿，带着父亲一起走向更好的生活，自从有了女儿之后，我的动力就更强了，因为我也要用我的技术让妻子和女儿生活得更好。"（案例人物 10）

"每次看到父亲不分天晴下雨在工地干活，忙起来的时候甚至不分昼夜地干活，我就很心痛。一次偶然的机会与我们的包工头接触，发现他赚得比我们多，却不用像我父亲那么辛苦，而且我发现这些事情我都可以很快学会。于是，我向父亲提出我们可以一起来承担包工头的活儿，从那以后，我变得很勤快，努力给包工头干活，但是也默默地向他学习，并且有

意识地认识提供给他活儿的人。最终之前我们的包工头因个人原因离开了，我们顺利地接管了他的活儿。"（案例人物12）

"不想让父亲的后半生像前半生那么辛苦""自从有了女儿之后，我的动力就更强了""发现他赚得比我们多，却不用像我父亲那么辛苦"……这些都是以上两位案例人物主观能动性的原始思想状态，正是他们的高能动性，让他们顺着这种思想的指引不断努力，最终达成了自己的目标愿望，也成功跨越了父代所在的职业层级。

（二）　职业代际流动生命历程实践的作用方式

通过这12名农民工的生命轨迹，我们发现这些共同规律背后有来自两个方面的共同特点，一个是来自父代的积累，一个是来自子女的能力，两者共同影响着职业代际流动结果，其背后有着相似的作用方式，其中最重要三大关键要如下。

1. 父代教育人力资本：提供父代资本储备、家庭重大事件、家庭网络支持等要素。

父代教育人力资本投资是父代各项资本与网络积累的关键因素，为职业代际流动奠定了前提和基础。第一，父代教育人力资本是父代资本储备的基础，因为教育人力资本的多寡，在某种意义上影响着父代职业、社会地位、经济状况等。受教育程度比较高的父母，人力资本多元性更强，拥有了更多职业选择机会，也拥有更多积累资源的途径；第二，父代教育人力资本影响着家庭重大事件的处理，因为风险防控与应对能力往往也是对一个家庭的重大考验，教育人力资本的积累也是影响风险应对的重要因素；第三，父代教育人力资本在家庭网络拓展方面发挥着重要作用，因为人与人的交往一般都遵守对等原则，当一个人教育人力资本越高也就越容易获得其他社交网络的机会和途径，更多的阅历也意味着更多与人打交道的机会，这都会有利于家庭网络支持的搭建和扩展。

2. 农民工自身教育人力资本：助攻个体人力资本、个体网络支持、个体主观能动性等要素。

农民工自身教育人力资本是各项其他资本与网络积累的关键因素，为职业代际流动提供了直接的支撑与可能。第一，农民工自身教育人力资本直接形成其个体人力资本，个体人力资本的高低大部分直接来源于父代对其投资状况，这是职业选择的基础，为职业代际流动提供最直接的支持；第二，农民工自身教育人力资本增加了其个体网络支持，在其人力资本形成过程中拥有了更多与人接触的机会，而其他方面资源的积累也为网络支持提供了一定的帮助；第三，农民工自身教育人力资本对个体主观能动性起着至关重要的作用。个体主观能动性纵然是以个人主观意识为主导的，但在现实生活中，也受到个体能力与社会需求的匹配问题，一旦个体能力一再受挫，也将直接影响其主观能动性的发挥。因此，当父母对子女教育人力资本投资越多，个体教育人力资本越充分，其个体能力与社会需求匹配成功的概率就越大，其主观能动性不断得以实现，如此形成良性循环。

3. 社会感知是连接父代教育人力资本和农民工自身教育人力资本的纽带和灵魂。

人的行动都是受到其意识的支配，一个人的心理认知影响其价值观的形成，价值观会指导其行动的开展。对于农民工的职业选择来说，他们对父母的职业、家庭、社会网络等状况的社会感知，对于当前社会各种职业、人际、社会关系等状况的社会感知，都将直接影响他的职业选择，从而影响其职业代际流动。

比如案例人物4在访谈中就提到："爸妈辛苦了一辈子，从种菜到种植绿化树，尽管很辛苦，但是总是处于这个赚钱链条的最底端……"如此认知让他决定换个角度来赚钱，这种社会感知是基础，接下来才是他的个人主观能动性的发挥；案例人物8在访谈中也提到："作为国企的合同工，总觉得与正式职工有差异，有时候觉得低人一等。当看到国家对创新创业的重视，自己便萌发了自主创业的想法。"实际上，所有的想法最初都源于他们当时的一种社会感知，无论是对父母处境的社会感知，还是对个体整体状态的社会感知，都影响着职业的选择。

第十章 结论与对策建议

一、主要研究结论

（一） 教育人力资本传承显著影响农民工社会地位感知

1. 父母受教育程度显著影响农民工社会地位感知且呈正"U"型。

父母受教育程度显著影响农民工社会地位感知，且呈正"U"型，即父母受教育程度在小学是否毕业这个点上呈现出不一样的规律。社会地位感知是一个比较复杂的心理感知因素，在父母受教育程度高于小学毕业之后，农民工社会地位感知随着父母受教育程度的提升而上升。

异质性分析表明：第一，相对于女性农民工，父母受教育程度对男性农民工社会地位感知影响更大；第二，相对于出生于1980年之前的即38岁以上的老一代农民工，父母受教育程度对出生于1980年以后的即38岁以下的新生代农民工社会地位感知影响更大；第三，相对于父母职业层级较高的农民工群体，父母受教育程度对父母职业层级较低的农民工群体社会地位感知影响更大；第四，相对于高技能水平的农民工群体，父母受教育程度对低技能水平农民工社会地位感知影响更大；第五，父母受教育程度对农民工社会地位感知的影响在东部地区呈现和西部地区均显著，影响方式和程度呈现差异性。

2. 农民工自身受教育程度显著影响其社会地位感知且呈正"U"型。

农民工自身受教育程度显著影响其社会地位感知，且呈正"U"型，即在其初中是否毕业这个点上呈现出不一样的规律。社会地位感知是一个受到多种因素作用的综合变量，在农民工受教育程度高于初中毕业之后，农民工社会地位感知随着其受教育程度的提升而上升。

异质性分析表明：第一，无论是男性农民工还是女性农民工，农民工自身受教育程度均对社会地位感知影响均显著，只是男性农民工受教育程度相比女性农民工受教育程度影响拐点要相对晚一些，大概1年受教育年限的差别；第二，相对于38岁以下的新生代农民工，农民工自身受教育程度对 38 岁以上的老一代农民工群体社会地位感知影响更大；第三，无论是职业层级高的还是职业层级低的农民工，农民工自身受教育程度对社会地位感知影响均显著，影响方式和程度呈现差异性；第四，相对于高技能水平的农民工群体，农民工自身受教育程度对低技能水平农民工群体影响更大；第五，相对于东部地区来说，农民工自身受教育程度对中部地区和西部地区的农民工群体影响更大。

（二）教育人力资本传承显著影响农民工职业代际流动

1. 父母受教育程度显著影响农民工职业代际流动且呈倒"U"型。

父母受教育程度显著影响农民工职业代际流动，且呈倒"U"型，即父母受教育程度在小学是否毕业这个点上呈现不一样的规律。当父母受教育程度在小学毕业之前时，农民工职业代际流动随着父母受教育程度的上升而上升；当父母受教育程度在小学毕业之后时，农民工职业代际流动随着父母受教育程度的上升而下降。

异质性分析表明：第一，相对于男性农民工而言，父母受教育程度对女性农民工职业代际流动影响更大；第二，相对于 38 岁以下的新生代农民工而言，父母受教育程度对 38 岁以上的老一代农民工职业代际流动影响更大；第三，相对于父母职业层级较高的农民工而言，父母受教育程度对父母职业层级较低的农民工群体职业代际流动影响更大；第四，无论是技能水平高的还是技能水平低的农民工，父母受教育程度对其职业代际流动影响均显著，影响方式和程度呈现差异性；第五，相对于中部地区来说，父母受教育程度对东部地区和西部地区的农民工群体影响更大。

2. 农民工自身受教育程度显著影响其职业代际流动且呈倒"U"型。

农民工自身受教育程度显著影响其职业代际流动，且呈倒"U"型，即农民工受教育程度在初中是否毕业这个点上呈现不一样的规律。当农民工受教育程度在初中毕业之前时，其职业代际流动随着受教育程度的上升而上升；当农民工受教育程度在初中毕业之后时，其职业代际流动随着受教育程度的上升而下降。

异质性分析表明：第一，无论是男性农民工还是女性农民工，农民工自身受教育程度对职业代际流动没有显著差异；第二，相对于 38 岁以下的新生代农民工，农民工受教育程度对 38 岁以上老一代农民工群体影响更大；第三，相对于职业层级高的农民工，农民工受教育程度对职业层级低的农民工群体影响更大；第四，无论是技能水平高的还是技能水平低的农民工群体，农民工受教育程度对其职业代际流动影响均显著且呈倒"U"型，只是其职业代际流动影响的拐点不同，高技能水平的农民工群体分界点比低技能水平的农民工群体的分界点晚四年的教育年限；第五，相对于东部和中部地区而言，农民工自身受教育程度对西部地区农民工群体职业代际流动影响更大。

（三） 社会地位感知发挥部分中介作用

1. 社会地位感知在父母受教育程度影响农民工职业代际流动中起到部分中介作用。

农民工社会地位感知是父母受教育程度影响农民工职业代际流动的重要中介机制，发挥着部分中介作用。异质性分析表明：其一，在父母受教育程度对农民工职业代际流动的影响中，农民工社会地位感知的中介效应是有性别差异的，相对于男性农民工群体，这种中介效应对女性农民工影响更为显著；其二，无论针对38岁以上的老一代农民工还是38岁以下的新生代农民工，社会地位感知的中介效应没有年代差别；其三，在父母受教育程度对农民工职业代际流动的影响中，相对于父母职业层级较高者，农民工社会地位感知的中介效应在父母职业层级较低群体中影响效应更为显著；其四，在父母受教育程度对农民工职业代际流动的影响中，相对于高技能水平的农民工群体，农民工社会地位感知的中介效应在低技能水平农民工群体中影响效应更为显著。

2. 社会地位感知在农民工自身受教育程度影响其职业代际流动中起到部分中介作用。

农民工社会地位感知是其自身受教育程度影响其职业代际流动的重要中介机制，发挥着部分中介作用。异质性分析表明：其一，在农民工自身受教育程度对其职业代际流动的影响中，农民工社会地位感知的中介效应没有性别差异的；其二，在农民工自身受教育程度对其职业代际流动的影响中，相对于38岁以下的新生代农民工，农民工社会地位感知的中介效应在38岁以上的老一代农民工群体更为显著；其三，在农民工自身受教育程度对其职业代际流动的影响中，相对于职业层级较高的农民工群体，农民工社会地位感知的中介效应在职业层级较低的农民工群体更为显著；其四，在农民工自身受教育程度对其职业代际流动的影响中，相对于高技能水平的农民工群体，农民工社会地位感知的中介效应在低技能水平农民工群体中影响效应更为显著。

二、对策建议

（一） 科学系统创新农民工受教育体系

通过研究发现，一方面，无论是父母受教育程度，还是农民工自身受教育程度，都直接对农民工职业代际流动产生显著影响；另一方面，父母受教育程度，均对农民工社会感知有着显著影响，并且还通过社会感知这一中介路径对农民工职业代际流动产生显著影响。当然，这种影响不完全是线性关系，而是分别以第五年和第九年教育年限时间点为分界点呈现"U"型关系。这给我们的启示是：需要强化农民工受教育体系，更需要根据其特点系统创新其多样化教育体系，从而从宏观层面促进职业代际流动。

1. 夯实强化农村教育体系，为农民工子女教育提供基础。近年来，省内或者县内农民工构成比例越来越多，其实即便是跨省进城务工的农民工，大多数农民工子女教育仍然在农村。由于城乡二元制结构的影响，农村教育体系在师资结构、办学硬件等方面仍然比较薄弱，因此继续夯实强化农村教育体系变得十分重要。一方面，要加大对农村教育体系的财政支持，也可引入社会力量对农村办学的资金支持，首先在教学设施等硬件方面予以完善；另一方面，要利用人才倾斜政策，通过各种途径引入优秀师资进农村，利用项目运作的方式强化农村软件建设。与此同时，也可以利用现代科技手段，创新农村教育平台与教育理念，加强各个领域的共享，比如线上课程的共建共享、实践平台的协调互补等。

2. 完善拓展城市教育体系，为农民工子女教育提供便利。由于大部分农民工的工作地点在城市，也希望将子女带在身边，希望能够在工作所在地接受教育。目前我国为农民工子女的义务教育阶段入学问题已经在积极想办法予以解决，也探索了很多路径。不过，据国家2020年农民工监测报告显示，仍有47.5%的农民工家长反映在城市上学面临一些问题。这需要在城市教育体系的完善拓展方面进一步努力，更多为农民工子女教育提供便利。一方面，从国家和各级政府层面，高度重视农民工子女的教育问题，在现有城市教育体系中，希望能通过一定的规则和机制能让农民工子女就近入学；另一方面，各用人单位也高度重视单位各类员工的子女教育问题，更要为农民工的子女教育投入更多的支持和帮助。

3. 建构丰富继续教育体系，为农民工继续教育提供支撑。学历教育的重要性不言而喻，父母受教育程度和农民工自身受教育程度对社会地位感知和职业代际流动的显著影响已经说明了这一切，但我们也发现这种影响并不是完全的线性关系，而是"U"型关系。另外，不仅是农民工自身受教育程度对职业代际流动有显著影响，而且父母受教育程度对农民工职业代际流动也有显著影响，这也让我们意识到针对农民工的教育体系仅仅靠学历教育是不够的，还需要为其建构丰富继续教育体系。

由于农民工工作性质的临时性、工作时间的不固定，以及工作地点的频繁变动，我们认为针对农民工的继续教育体系最好由国家层面或者是国家层面的行业协会统一规范，根据农民工的职业种类、技术规范、年龄结构、教育基础等方面的不同，分门别类地制定继续教育规范和要求，遴选优秀的教育机构和组织，配套合理的教育内容和形式，从而形成一整套系统的农民工继续教育体系。

（二）分类精细设计农民工职业指导

根据异质性分析，我们发现不同性别、不同年龄、不同技能水平等各方面的特征在教育人力资本传承影响农民工职业代际流动中具有不一样的规律，因此在微观层面要分类精细设计农民工职业发展措施。

1. 区分性别以促进适合各自特点的职业发展。通过研究发现，在父母受教育程度对农民工职业代际流动的影响中，女性农民工比男性农民工的影响效应更大，而且社会感知在其中的中介效应作用中，女性农民工同样比男性农民工的影响效应更明显。由于我国劳动力市场相对比较公平，所以农民工自身受教育程度对男性或者女性农民工职业代际流动的影响效应没有明显差别。不过，农民工自身受教育程度与社会地位感知的影响效应尽管都呈"U"型，但是男性农民工的教育年限分界点略晚一点。

传统"重男轻女"思想尽管日趋好转，但在一些经济欠发达地区仍然存在。而从我们的实证研究中发现，多个异质性分析中都可以看出女性的影响效应更为明显，这更加需要呼吁社会构建更加公平统一的劳动力市场。可能是男性认知年龄特点等方面的关系，针对男性农民工的学历教育年限可以略长一点。不过，由于女性农民工职业代际流动更加依赖于父母受教育程度，所以作为父母一方面需要多关注女儿的成长，另一方面也意味着有女儿的家长需要不断学习，从而更加努力完善自身的继续教育经历。

2. 区分年龄以优化老一代和新生代农民工职业发展。通过研究发现，在父母受教育程度对农民工职业代际流动的影响中，老一代农民工比新生代农民工的影响效应更大；在农民工自身受教育程度对农民工职业代际流动的影响中，同样也是老一代农民工比新生代农民工的影响效应更大，而且在社会感知在其中的中介效应作用中，仍然还是老一代农民工比新生代农民工的影响效应更明显。

这个结果可能是我国近年来对农民工受教育重视所得到的结果，新生代农民工的教育年限差距要远远小于老一代农民工。但是我们还是不得忽视这个问题：一方面是多关注老一代农民工，他们曾经给我们社会作出了突出贡献，而且还在继续作出贡献，不要忽视他们的继续教育；另一方面，看来学历教育或许不是新生代农民工最突出的问题，但是我们要关注教育的针对性和契合性，更要注重继续教育的精准性和匹配性。

3. 区分父母职业层级以优化不同职业类型农民工子女职业发展。通过研究发现，无论是父母受教育程度对农民工社会地位感知的影响，还是父母受教育程度对农民工职业代际流动的影响，抑或是社会地位感知在父母受教育程度对农民工职业代际流动的影响的中介作用中，都是父母职业层级较低的农民工群体比父母职业层级较高的农民工群体影响效应更大。

这给我们的启示是：父母职业层级较低的群体是农民工这个弱势群体中的弱势，要想促进整体农民工群体的职业代际流动，就必须重点关注父母职业层级较低的这个群体，他们对父母受教育程度和农民工自身受教育程度依赖性都更大。这需要国家和各级政府在建立公平统一的劳动力市场的基础上，也积极关注弱势行业和企业，关注处于社会低端的职业和岗位，从而促进各项职业的综合平衡发展。

4. 区分技能水平以优化不同技能农民工职业发展。通过研究发现，无论是农民工自身受教育程度对其社会地位感知的影响，还是社会地位感知在农民工受教育程度对其职业代际流动的影响的中介作用中，都是技能水平较低的农民工群体比技能水平高的农民工群体影响效应更大。在农民工自身受教育程度对其职业代际流动的直接影响过程中，其影响效应也是显著且呈倒"U"型，技能水平高的农民工群体教育年限分界点比技能水平低的农民工群体晚四年。

以上研究给我们的启示是：社会需要给予技能水平低的农民工群体更多的关注与支持，针对那些技术含量特别低的行业、岗位要给予关怀和帮助，甚至是需要针对技能水平低的群体专门培训以促进其技能的提升。除此之外，要达成高技能水平工作职业类型的职业代际流动，还需要对应的更高教育年限，这实际上需要每个农民工自己根据自己所处的情况进行职业规划。

5. 区分地区以促进不同区域农民工职业的协调发展。通过研究发现，在父母受教育程度对农民工职业代际流动的影响中，东部地区和西部地区影响效应更大；在农民工自身受教育程度对其社会感知的影响中，中部和西部地区影响更大；而在农民工自身受教育程度对其职业代际流动的影响中，西部地区影响更大。

以上发现给我们的启示是：由于地区经济发展不平衡，从前面分析我们也可以看出，东部地区农民工的收入增长明显高于其他地区。由此，为了促进农民工整体的协调发展，更要关注西部地区农民工的职业发展问题。

（三）　精准高效开展农民工培训工作

通过研究发现，父母受教育程度和农民工自身受教育程度对农民工职业代际流动均呈倒"U"型，也就是说在某一个教育年限分界点之前，农民工职业代际流动随着教育程度的提升而提升，而在这个分界点之后，农民工职业代际流动随着教育程度的提升而下降。在父母受教育程度和农民工自身受教育程度对农民工职业代际流动影响还通过农民工感知这个作用机制来体现。而在异质性分析的时候我们发现，父母职业层级低的、技能水平低的农民工群体的影响效应更为显著。这给我们的启示是：除了教育体系的科学规划，我们还要抓住培训这一教育投资手段，主要分技术培训和非技术性的多元培训。

1. 寻求多方主体参与：打造精准匹配的技术培训以提升农民工硬实力。理论和现实都证明，技术的高低是农民工职业发展的关键要素，也是影响农民工职业代际流动的重要途径。根据农民工工作特点和现实状况，应该寻求多方主体来参与培训，以精准匹配的培训为着力点，从而全面提高农民工硬实力。其一，以精准的技术培训为基础，建立健全农民工技术认证体系，为农民工技能储备提供全面而系统的支撑。未来经济发展所需的产业工人一定是拥有一技之长的，也只有拥有一技之长的人才能更好地在社会立足进而实现个人职业发展，鉴于农民工工作特点和历史阶段，因此要针对农民工工作所需的技术进行分级、分类，形成统一、规范的技术资格认证体系。然后针对这个技术资格认证体系的要求，开展对应的培训内容。其二，以岗位职责培训为基础，建立健全企业培训体系，为农民工岗位匹配提供有力而直接的帮助。每个农民工用工企业要切实履行培训员工的职责，而不仅仅停留在用工层面，因为要针对不同工作种类的农民工提供具有针对性的技能培训，从而为农民工岗位匹配与提升奠定基础。其三，以业余技术培训为补充，丰富拓展社会培训体系，为农民工技术提升培训提供可供选择的补充。各种社会力量也要积极参与到农民工培训之中，深刻认识提升农民工技能的重要性，共同为农民工技能提升贡献自己的力量。

2. 寻求专业技术手段：形成高效契合的多元培训以提升农民工软实力。无论是农民工父母受教育程度对农民工职业代际流动的影响过程中，还是农民工自身受教育程度对农民工职业代际流动的影响过程中，社会感知都发挥了中介效应的作用。而这种社会感知是一个复杂的、综合的概念，与农民工职业处境、经济状况、社会互动、环境认知、网络支持等都有着紧密的关联。

这要求农民工除了拥有硬实力之外，能够拥有多元能力的软实力。需要以素质提升培训为目标，建立健全业余生活数字技能培训体系，为农民工综合素质提升提供便捷而实用的保障。该项培训一方面可以借助专业机构的优势，有针对性地开展农民工的社会认知培训、心理认同培训等，从而提升农民工对个人职业和社会处境的认同；另一方面可以利用互联网的优势，利用信息平台的连接等功能，或者是专门的 App 来为农民工筛选相关信息，以培养其生活中所需要的各项技能为目标，通过利用碎片化的时

间让不同文化程度的个体均容易理解和学习，逐渐培养其自主学习的生活
习惯，从而更加高效地推进其综合素质的提升。

（四）　多维持续提升农民工社会地位

通过研究发现，社会地位感知在父母受教育程度和农民工自身受教育
程度影响农民工职业代际流动中均起到了部分中介作用。这意味着，社会
感知是一个综合客观世界和主观世界之后的一个心理作用过程，在农民工
职业代际流动作用机制中占据了重要位置，以下可从三个方面进一步提升
农民工的社会地位，进而提升农民工的社会感知。

1. 继续出台农民工职业发展的相关政策。近年来，国家针对农民工相
关问题出台过多个文件，比如针对农民工就业问题出台过《国务院关于解
决农民工问题的若干意见》、针对农民工欠薪问题出台了《保障农民工工
资支付条例》，针对农民工创业问题出台了《关于做好当前农民工就业创
业工作的意见》等，这意味着国家对农民工群体的高度关注与重视，不过
我们认为针对农民工的职业发展政策需要进一步细化，各地要探索适合本
地农民工发展的具有针对性的措施。一方面，需要在全国范围内形成统一
的农民工就业信息平台，让农民工职业发展更加规范、高效，也让农民工
的权益保护更具可操作性；另一方面，需要针对不同区域、不同行业、不
同职业类型进行科学分类、开展分类培训与指导。

2. 形成尊重农民工劳动贡献的社会氛围。农民工对我国经济发展的巨
大贡献并不是每个人都了解，也还没有得到社会的一致认同。经济资源往
往是识别一个群体社会地位的外显标识，所以首先保证其经济待遇的获
取，与此同时切实保障农民工的合法权益；社会资源和文化资源也是识别
一个群体社会地位的重要标识，要不断强化农村公共产品的供给，丰富进
城务工的农民工群体社会公共服务的供给，让其便利地获得社会资源和文
化资源。除此之外，国家和各级政府应积极培养和吸纳农民工参与社会事
务的管理之中，组织资源也是衡量一个人社会地位感知的重要因素，也是
影响一个人职业地位的重要参考元素。

3. 大力创设农民工积极向上的舆论导向。社会环境是形成社会感知的
土壤，因此良好的舆论导向也非常重要。首先，运用正规纸质媒体对农民
工的社会贡献予以认可与宣传，让全社会了解到农民工对我国不同历史发

展阶段对我国经济发展的重要贡献；其次，运用国家主流官方媒体关注农民工的积极拼搏事迹，让我们身边的农民工能够意识到自己的伟大，通过别人眼中的他们让他们深刻认识到自己的作用；最后，运用数字等其他媒体真心关怀农民工的发展，比如抖音也是深受农民工所喜爱的，是不是也可以专门为农民工创设一些口口相传的典型事迹等。

三、研究展望

如上研究针对教育人力资本传承对农民工职业代际流动的影响效应和机理做了初步探讨，研究成果丰富了代际研究的理论成果，也为农民工职业发展的政策制定提供理论参考。除此之外，也为未来农民工职业发展研究领域提出了更多的研究问题：

第一，教育人力资本传承对农民工职业代际流动影响研究中发现，父辈受教育程度和农民工本身受教育程度呈现出相同的规律，但也呈现出不一样的特点。可以针对每一个层面进行细化深入研究，寻求每个具体路径的具体作用机制和联合作用机理。

第二，本书探讨了教育人力资本传承对整体的农民工职业代际流动的影响，后续可以进一步细化研究群体，比如针对新生代农民工的研究，或者针对某一类具体的职业进行研究。

第三，代际研究是一个有趣的话题，但是对研究数据要求比较高，后续研究可以进一步丰富和拓展研究数据，比如采用三代人甚至更多代人的数据来开展研究。

第四，教育是人力资本传承的主要方式，但除了教育之外，健康也是人力资本的重要组成部分。后续可以考虑将健康也放入研究之中，综合考虑人力资本对农民工职业代际流动的影响机理。

第五，随着农民工向新型产业工人转型，对农民工的要求也有了新的变化，如何结合最新的农民工发展态势来研究农民工职业代际流动问题也将是一个有趣的话题。

参考文献

［1］崔翔，鲍宗豪．以改革推动资本社会责任的制度构建［J］．开放导报，2013（6）：23 – 28.

［2］郭丛斌，丁小浩．职业代际效应的劳动力市场分割与教育的作用［J］．经济科学，2004（3）：74 – 82.

［3］孙凤．职业代际流动的对数线性模型［J］．统计研究，2006（7）：61 – 65.

［4］刘非菲，梁岩．中国居民职业代际继承效应的实证分析［J］．统计与决策，2014（10）：102 – 104.

［5］卢胜峰，陈思霞，张东杰．教育机会、人力资本积累与代际职业流动［J］．经济学动态，2015（2）：19 – 32.

［6］王昕．社会性别视角下的布劳—邓肯地位获得模型及后续研究［J］．青海师范大学学报（哲学社会科学版），2010（1）：46 – 50.

［7］曾国华，吴培瑛，秦雪征．谁在子承父业？——高校毕业生职业代际传递性差异及成因［J］．劳动经济研究，2020，8（3）：97 – 119.

［8］纪珽，梁琳．代际职业流动及其影响因素的性别差异［J］．南开经济研究，2020（2）：25 – 48.

［9］周兴，张鹏．代际间的职业流动与收入流动——来自中国城乡家庭的经验研究［J］．经济学（季刊），2015（1）：351 – 372.

［10］蔡洪斌．社会流动性与中等收入陷阱［J］．企业观察家，2011（3）：58 – 59.

［11］赵迪．社会工作者主观社会地位认同的影响因素［J］．华东理工大学学报（社会科学版），2021，36（3）：30 – 45.

［12］刘欣．转型期中国大陆城市居民的阶层意识［J］．社会学研究，2001，16（3）：8 – 17.

［13］李晚莲．社会变迁与职业代际流动差异：社会分层的视角［J］．求索，2010（6）：62 – 64.

［14］吕姝仪，赵忠．高校扩招、职业代际流动与性别差异［J］．劳动经济研究，2015（4）：52 – 69.

［15］朱晨．职业代际继承与流动：基于中国人口普查数据的实证分析［J］．劳动经济研究，2017，5（6）：87 – 106.

［16］秦晓岚．城乡受高等教育者职业代际流动比较研究［D］．华中师范大学，2019：10．

［17］陆学艺．当代中国社会阶层的分化与流动［J］．江苏社会科学，2003（4）：1－9．

［18］王超恩，符平．农民工的职业流动及其影响因素——基于职业分层与代际差异视角的考察［J］．人口与经济，2013（5）：89－97．

［19］严善平．大城市社会流动的实态与机制——来自天津市居民问卷调查的实证分析［J］．中国社会科学，2000（3）：104－114＋205．

［20］王春光．中国职业流动中的社会不平等问题研究［J］．中国人口科学，2003（2）：27－36．

［21］郭丛斌，丁小浩．高等教育跨越职业代际效应的作用［J］．高等教育研究，2004，25（7）：24－28．

［22］社会变迁与社会流动课题组．社会变迁与社会流动——大连市社会流动调查研究［J］．社会科学辑刊，2001（1）：44－51．

［23］朱红根，宋成校．农村家庭劳动力职业代际流动性测度及驱动因素分析——基于家庭农场的实证研究［J］．改革，2021（11）：141－155．

［24］黄杰．被中断的体制化：当代中国商业家庭的代际职业传承［J］．治理研究，2022，38（2）：106－116＋128．

［25］郭凡．当前广州社会的代际流动［J］．社会学研究，1995（6）：59－66．

［26］高勇．社会樊篱的流动——对结构变迁背景下代际流动的考察［J］．社会学研究，2009（6）：1－17．

［27］张瑞玲．农村居民代际职业流动影响因素分析——基于河南省蔡寨村的调查［J］．江西农业大学学报（社会科学版），2010，9（2）：36－41．

［28］边燕杰，张文宏．经济体制、社会网络与职业流动［J］．中国社会科学，2001（2）：77－89．

［29］成伟，牛喜霞，迟丕贤．社会资本代际传递之研究［J］．华东理工大学学报（社会科学版），2013，28（1）：1－9．

［30］邵宜航，张朝阳．关系社会资本与代际职业流动［J］．经济学动态，2016（6）：37－49．

［31］刘琳，赵建梅．社会网络如何影响代际收入流动？［J］．财经研究，2020，46（8）：80－93．

［32］李煜．家庭背景在初职地位获得中的作用及变迁［J］．江苏社会科学，2007（5）：103－110．

［33］邢春冰．中国农村非农就业机会的代际流动［J］．经济研究，2006（9）：103－116．

［34］李力行，周广肃．代际传递、社会流动性及其变化趋势——来自收入、职业、教育、政治身份的多角度分析［J］．浙江社会科学，2014（5）：11－22＋156．

［35］胡咏梅，李佳丽．父母的政治资本对大学毕业生收入有影响吗［J］．教育与经济，2014（1）：22－30＋52．

［36］王生发，刘金东．政治资本、代际传递、进入与晋升：以公共部门为例［J］．南方经济，2016（5）：46－61．

［37］陈刚，卫艳青．父母的政治身份是否有助于子女进入"体制内"［J］．南京财经大学学报，2017（6）：79－87．

［38］李路路．制度转型与阶层化机制的变迁——从"间接再生产"到"间接与直接再生产"并存［J］．社会学研究，2003（5）：42－51．

［39］吴晓刚．中国的户籍制度与代际职业流动［J］．社会学研究，2007（6）：38－65＋242－243．

［40］卢盛峰，陈思霞，张东杰．公共服务机会与代际间职业流动——基于非血亲父子（女）配对数据的实证分析［J］．经济科学，2015（2）：94－104．

［41］李萍，谌新民．工业化和城镇化对代际职业流动的作用分析［J］．南开经济研究，2021（4）：142－168．

［42］刘国亮，李朝婷．技术进步偏向性、技术进步速度与代际职业流动［J］．山东大学学报（哲学社会科学版），2022（2）：134－147．

［43］张翼．中国人社会地位的获得——阶级继承和代内流动［J］．社会学研究，2004（4）：76－90．

［44］阳义南，连玉君．中国社会代际流动性的动态解析——CGSS与CLDS混合横截面数据的经验证据［J］．管理世界，2015（4）：79－91．

［45］李路路，朱斌．当代中国的代际流动模式及其变迁［J］．中国社会科学，2015（5）：40－58＋204．

［46］褚翠翠，孙旭．中国职业代际流动的趋势及子代教育的作用［J］．劳动经济研究，2019，7（2）：122－139．

［47］郭丛斌，闵维方．教育：创设合理的代际流动机制——结构方程模型在教育与代际流动关系研究中的应用［J］．教育研究，2009，30（10）：5－12．

［48］郭丛斌，闵维方．教育与代际流动的关系研究——中国劳动力市场分割的视角［J］．高等教育研究，2011，32（9）：5．

［49］王学龙，袁易明．中国社会代际流动性之变迁：趋势与原因［J］．经济研究，2015，50（9）：58－71．

［50］李中建，袁璐璐．体制内就业的职业代际流动：家庭背景与学历［J］．南方经济，2019（9）：69－83．

[51] 王卫东等. 教育对农村劳动力职业代际流动的影响 [J]. 经济经纬, 2020, 37 (5): 37 - 44.

[52] 苏静, 周振芳, 肖攀. 教育改善贫困阶层代际传递的效果与机制——来自 CLDS 微观数据的证据 [J]. 教育与经济, 2022, 38 (2): 10 - 18 +61.

[53] 许申. 高职与本科毕业生的职业代际流动比较分析 [J]. 教育学术月刊, 2011 (1): 36 - 40.

[54] 郝雨霏, 陈皆明, 张顺. 中国高校扩大招生规模对代际社会流动的影响 [J]. 西北大学学报 (哲学社会科学版), 2014, 44 (2): 122 - 129.

[55] 董良. 教育、工作经验与家庭背景对居民收入的影响——对明瑟方程和"布劳—邓肯"模型的综合 [J]. 中国社会科学院研究生院学报, 2016 (4): 103 - 109.

[56] 刘志国, James Ma. 谁进入了体制内部门就业——教育与家庭背景的作用分析 [J]. 统计与信息论坛, 2016, 31 (7): 76 - 82.

[57] 渡边雅男. 现代日本的阶层差别及其固定化 [M]. 北京: 中央编译出版社, 1998: 1 - 437.

[58] 华红琴, 翁定军. 社会地位、生活境遇与焦虑 [J]. 社会, 2013, 33 (1): 136 - 160.

[59] 温芬. 改革开放前后高等教育对个人社会地位获得的影响之比较研究 [J]. 今日南国 (理论创新版), 2009 (6): 37 - 38.

[60] 郝大海, 王卫东. 理性化、市场转型与就业机会差异——中国城镇居民工作获得的历时性分析 (1949—2003) [J]. 中国社会科学, 2009 (3): 140 - 151 +207.

[61] 张亮、杭斌. 教育与主观社会地位——基于地位寻求理论的实证分析 [J]. 统计与信息论坛, 2018, 33 (8): 85 - 93.

[62] 马汴京, 陆雪琴, 郭伟男. 经济全球化与教育回报率的地区差异 [J]. 北京大学教育评论, 2021, 19 (2): 160 - 179 +192.

[63] 郑筱婷, 孙志颖, 陆小慧. 为何"读书无用论"重返农村?——不同出身个体教育回报率变化的解释 [J]. 劳动经济研究, 2019, 7 (5): 53 - 77.

[64] 侯瑜, 杨荔茗, 杨行健. 高等教育回报率的区域及教育层次差异——基于 CGSS 混合截面数据的实证分析 [J]. 现代教育管理, 2019 (6): 49 - 55.

[65] 郑全全, 赵立. 农民择业心理倾向及影响因素研究 [J]. 农村经济, 2006 (4): 110 - 113.

[66] 庞子渊. 农民工就业质量及其社会与法律因素探析——基于珠三角的实证分析 [J]. 社会科学研究, 2013 (6): 100 - 105.

[67] 申明浩, 周林刚. 农民就业选择制约因素的实证研究 [J]. 财经科学, 2004 (1): 53 - 57.

［68］薛福根，石智雷．个人素质、家庭禀赋与农村劳动力就业选择的实证研究
［J］．统计与决策，2013（8）：110 - 112.

［69］王毅杰，童星．流动农民职业获得途径及其影响因素［J］．江苏社会科学，
2003（5）：86 - 91.

［70］钟甫宁，何军．增加农民收入的关键：扩大非农就业机会［J］．农业经济
问题，2007（1）：62 - 70 + 112.

［71］赵耀辉．中国农村劳动力流动及教育在其中的作用——以四川省为基础的研
究［J］．经济研究，1997（2）：37 - 42 + 73.

［72］杨晓军，陈浩．农民工就业的职业选择、工资差异与人力资本约束［J］.
改革，2008（5）：95 - 100.

［73］于雁洁．人力资本对农民非农就业机会的改善效应探析［J］．改革与战略，
2016，32（1）：77 - 81.

［74］赵延东，王奋宇．城乡流动人口的经济地位获得及决定因素［J］．中国人
口科学，2002（4）：10 - 17.

［75］李春玲．当代中国社会的声望分层——职业声望与社会经济地位指数测量
［J］．社会学研究，2005（2）：74 - 102 + 244.

［76］姚先国，俞玲．农民工职业分层与人力资本约束［J］．浙江大学学报（人
文社会科学版），2006（5）：16 - 22.

［77］高文书．人力资本与进城农民工职业选择的实证研究［J］．人口与发展，
2009，15（3）：38 - 43.

［78］刘万霞．职业教育对农民工就业的影响——基于对全国农民工调查的实证分
析［J］．管理世界，2013（5）：64 - 75.

［79］柳建平，刘卫兵．教育是如何帮助脱贫的？——基于劳动力职业选择作用的
分析［J］．人口与经济，2018（1）：61 - 68.

［80］符平，唐有财，江立华．农民工的职业分割与向上流动［J］．中国人口科
学，2012（6）：75 - 82 + 112.

［81］宁光杰．自我雇佣还是成为工资获得者？——中国农村外出劳动力的就业选
择和收入差异［J］．管理世界，2012（7）：54 - 66.

［82］胡凤霞．农民工自雇佣就业选择研究［J］．宁夏社会科学，2014（2）：
50 - 56.

［83］欧阳博强，张广胜．农民工就业分化及其影响因素［J］．华南农业大学学
报（社会科学版），2018，17（3）：48 - 61.

［84］史清华，徐翠萍．农户家庭成员职业选择及影响因素分析——来自长三角
15 村的调查［J］．管理世界，2007（7）：75 - 83.

［85］白菊红．农村家庭户主人力资本存量与家庭收入关系实证分析［J］．西北农林科技大学学报（社会科学版），2004（5）：46－51.

［86］何国俊，徐冲，祝成才．人力资本、社会资本与农村迁移劳动力的工资决定［J］．农业技术经济，2008（1）：57－66.

［87］吴愈晓．劳动力市场分割、职业流动与城市劳动者经济地位获得的二元路径模式［J］．中国社会科学，2011（1）：119－137＋222－223.

［88］程名望，史清华，Jin Yanhong．农户收入水平、结构及其影响因素——基于全国农村固定观察点微观数据的实证分析［J］．数量经济技术经济研究，2014（5）：3－19.

［89］田丰．中等收入群体变动趋势和结构性分析：2006—2015［J］．河北学刊，2017，37（2）：162－167.

［90］郭凤鸣．技能培训对低收入农民工就业质量的影响——基于内生处理效应模型的分析［J］．中国劳动关系学院学报，2022，36（1）：112－124.

［91］殷红霞，宋会芳．新生代农民工职业转换的影响因素分析——基于陕西省的调查数据［J］．统计与信息论坛，2014，29（6）：98－102.

［92］田艳平．农民工职业选择影响因素的代际差异［J］．中国人口·资源与环境，2013，23（1）：81－88.

［93］田北海等．人力资本与社会资本孰重孰轻：对农民工职业流动影响因素的再探讨——基于地位结构观与网络结构观的综合视角［J］．中国农村观察，2013（1）：34－47＋91.

［94］夏怡然．农民工的在职培训需求及其异质性——基于职业选择行为的经验研究［J］．世界经济文汇，2015（2）：57－73.

［95］樊茜，金晓彤，徐尉．教育培训对新生代农民工就业质量的影响研究——基于全国11个省（直辖市）4030个样本的实证分析［J］．经济纵横，2018（3）：39－45.

［96］赵建国，周德水．教育人力资本、互联网使用与新生代农民工职业选择［J］．农业经济问题，2019（6）：117－127.

［97］李旻，谭晓婷．人力资源能力对女性农民工职业流动的影响分析——基于1242份农民工调查数据［J］．中国农业资源与区划，2021，42（8）：48－57.

［98］吴愈晓，吴晓刚．城镇的职业性别隔离与收入分层［J］．社会学研究，2009，24（4）：88－111＋244.

［99］丁雪儿，周毕芬，朱秋萍．人力资本、就业状况对进城务工人员职业流动的影响分析——基于福州、厦门的调查［J］．云南农业大学学报（社会科学），2017，11（1）：1－9.

［100］李强．中国大陆城市农民工的职业流动［J］．社会学研究，1999（3）：95－103.

［101］柳建平，魏雷．两代农民工职业流动的影响因素及差异分析［J］．软科学，2017，31（2）：38－43.

［102］杜妍冬，刘一伟．职业流动对农民工收入的影响及其代际差异——基于我国七城市的调查数据［J］．南京农业大学学报（社会科学版），2015，15（4）：43－52＋132.

［103］谭银清，张磊，王钊．农民工工作满意度的代际差异研究［J］．农村经济，2015（9）：110－114.

［104］罗兴奇．农民工返乡的代际差异及生成机制研究——基于江苏省N村的实证分析［J］．北京社会科学，2016（7）：93－101.

［105］何玲．职业流动次数对农民工代际职业向上流动的效用分析——基于CLDS数据［J］．现代管理科学，2020（2）：118－120.

［106］李瑞琴．农村家庭职业选择的代际特征：分异性抑或传承性［J］．现代经济探讨，2018（3）：105－113.

［107］卓玛草，孔祥利．农民工代际职业流动：代际差异与代际传递的双重嵌套［J］．财经科学，2016（6）：84－96.

［108］冯婧，张勇，和咪咪．农民工父子代际关系的研究：一个文献综述［J］．农业经济，2020（11）：70－72.

［109］李强．中国离橄榄型社会还有多远——对于中产阶层发展的社会学分析［J］．探索与争鸣，2016（8）：4－11＋2.

［110］孙旭，雷晓璐．农村居民职业代际流动性的测度及分析［J］．青年研究，2018（2）：14－23＋94.

［111］温忠麟，叶宝娟．中介效应分析：方法和模型发展［J］．心理科学进展，2014，22（5）：731－745.

［112］方杰，张敏强，邱皓政．中介效应的检验方法和效果量测量：回顾与展望［J］．心理发展与教育，2012，28（1）：105－111.

［113］温忠麟，张雷，侯杰泰等．中介效应检验程序及其应用［J］．心理学报，2004（5）：614－620.

［114］卢海阳，郑旭媛．禀赋差异、议价能力与农民工工资来自中国劳动力动态调查的证据［J］．农业技术经济，2019（6）：97－106.

［115］Goldthorpe J H, Erikson R. Intergenerational inequality: A sociological perspective［J］. Journal of Economic Perspectives, 2002, 16（3）：31－44.

［116］Abramitzky R, Boustan L P, Eriksson K. A nation of immigrants: Assimilation and economic outcomes in the age of mass migration ［J］. Journal of Political Economy, 2014, 122 （3）: 467 – 506.

［117］ Erikson Robert, John H. Goldthorpe. The Constant Flux: A Study of Class Mobility in Industrial Society ［M］. Oxford: Clarendon Press, 1992: 329.

［118］ Schultz T W. Investment in human capital ［J］. The American economic review, 1961, 51 （1）: 1 – 17.

［119］ Becker G S. Investment in Human Capital: A Theoretical Analysis ［J］. Journal of Political Economy, 1962, 70 （5）: 9 – 49.

［120］ Becker Gary S. , Kominers Scott Duke, Murphy Kevin M. , et al. A theory of intergenerational mobility ［J］. Journal of Political Economy, 2018, 126 （S1）: S7 – S25.

［121］ Jackman M R, Jackman R W. An interpretation of the relation between objective and subjective social status ［J］. American sociological review, 1973, 38 （5）: 569 – 582.

［122］ Reddy A B. Changes in intergenerational occupational mobility in India: Evidence from national sample surveys, 1983 – 2012 ［J］. World Development, 2015, 76: 329 – 343.

［123］ De Jocas Y, Rocher G. Inter-generation occupational mobility in the province of Quebec ［J］. Canadian Journal of Economics and Political Science/Revue canadienne de economiques et science politique, 1957, 23 （1）: 57 – 68.

［124］ Benjamin B. Inter-generation differences in occupation: A sample comparison, in England and Wales, of census and birth registration records ［J］. Population Studies, 1958, 11 （3）: 262 – 268.

［125］ Blau P M, Duncan O D. The American occupational structure ［J］. American Sociological Review, 1967, 33 （2）: 296.

［126］ De Jong P Y, Brawer M J, Robin S S. Patterns of female intergenerational occupational mobility: A comparison with male patterns of intergenerational occupational mobility ［J］. American Sociological Review, 1971: 1033 – 1042.

［127］ Chase I D. A Comparison of Men's and Women's Intergenerational Mobility in the United States ［J］. American Sociological Review, 1975, 40 （4）: 483 – 505.

［128］ Lin N, Bian Y. Getting ahead in urban China ［J］. American journal of sociology, 1991, 97 （3）: 657 – 688.

［129］ Carmichael F. Intergenerational mobility and occupational status in Britain ［J］. Applied Economics Letters, 2000, 7 （6）: 391 – 396.

［130］ Di Pietro G, Urwin P. Intergenerational mobility and occupational status in Italy ［J］. Applied Economics Letters, 2003, 10 （12）: 793 – 797.

［131］ Pérez-González F. Inherited control and firm performance ［J］. American Economic Review, 2006, 96 (5): 1559 – 1588.

[132] Bennedsen M, Nielsen K M, Pérez-González F, et al. Inside the family firm: The role of families in succession decisions and performance [J] . The Quarterly Journal of Economics, 2007, 122 (2): 647 – 691.

[133] Hellerstein J K, Morrill M S. Dads and daughters the changing impact of fathers on women's occupational choices [J] . Journal of Human Resources, 2011, 46 (2): 333 – 372.

[134] Kramarz F, Skans O N. When strong ties are strong: Networks and youth labour market entry [J] . The Review of Economic Studies, 2014, 81 (3): 1164 – 1200.

[135] Chetty R, Hendren N, Kline P, et al. Where is the land of opportunity? The geography of intergenerational mobility in the United States [J] . The Quarterly Journal of Economics, 2014, 129 (4): 1553 – 1623.

[136] Kwiek M. European Universities and Educational and Occupational Intergenerational Social Mobility [M] . Cham: Springer International Publishing, 2015: 87 – 111.

[137] Song X, Massey C G, Rolf K A, et al. Long-term decline in intergenerational mobility in the United States since the 1850s [J] . Proceedings of the National Academy of Sciences, 2020, 117 (1): 251 – 258.

[138] Zetterberg H L, Lipset S M. A theory of social mobility [A] . Transactions of the Third World Congress of Sociology [C] . London: International Sociological Association, 1956, 2: 174 – 175.

[139] Meyer J W, Tuma N B, Zagorski K. Education and occupational mobility: A comparison of Polish and American men [J] . American Journal of Sociology, 1979, 84 (4): 978 – 986.

[140] Long J, Ferrie J. Intergenerational Occupational Mobility in Great Britain and the United States Since 1850 [J] . American Economic Review, 2013, 103 (4): 1109 – 1137.

[141] Li Y, Zhang S, Kong J. Social mobility in China and Britain: A comparative study [J] . International Review of Social Research, 2015, 5 (1): 20 – 34.

[142] Sirniö O., Martikainen P and Kauppinen T. M. Entering the Highest and the Lowest Incomes: Intergenerational Determinants and Early-adulthood Transitions [J] . Research in Social Stratification & Mobility, 2016a, 44 : 77 – 90.

[143] Long J, Ferrie J. The path to convergence: Intergenerational occupational mobility in Britain and the US in three eras [J] . The Economic Journal, 2007, 117 (519): C61 – C71.

[144] Blau, Peter M. and Otis Dudley Duncan. The American Occupational Structure

[M]. New York: Wiley, 1967: 163 – 206.

[145] Breen R, Jonsson J O. Explaining change in social fluidity: Educational equalization and educational expansion in twentieth-century Sweden [J]. American journal of sociology, 2007, 112 (6): 1775 – 1810.

[146] Breen R. Educational expansion and social mobility in the 20th century [J]. Social Forces, 2010, 89 (2): 365 – 388.

[147] Ruiz A C. The impact of education on intergenerational occupational mobility in Spain [J]. Journal of Vocational Behavior, 2016, 92: 94 – 104.

[148] Breen R. Education and intergenerational social mobility in the US and four European countries [J]. Oxford Review of Economic Policy, 2019, 35 (3): 445 – 466.

[149] Pfeffer F T, Hertel F R. How has educational expansion shaped social mobility trends in the United States? [J]. Social Forces, 2015, 94 (1): 143 – 180.

[150] Guryan J, Hurst E, Kearney M. Parental education and parental time with children [J]. Journal of Economic perspectives, 2008, 22 (3): 23 – 46.

[151] Jann B, Seiler S. A new methodological approach for studying intergenerational mobility with an application to Swiss data [R]. University of Bern, Department of Social Sciences, 2014 (5): 1 – 35.

[152] Duncan G J. Earnings functions and nonpecuniary benefits [J]. Journal of Human Resources, 1976, 11 (4): 462 – 483.

[153] Ranson S. Markets or democracy for education [J]. British Journal of Educational Studies, 1993, 41 (4): 333 – 352.

[154] Hodge R W, Treiman D J. Class identification in the United States [J]. American Journal of Sociology, 1968, 73 (5): 535 – 547.

[155] Jackman M R, Jackman R W. An interpretation of the relation between objective and subjective social status [J]. American sociological review, 1973: 569 – 582.

[156] Caire G. Becker Gary S. Human capital: A theoretical and empirical analysis with special reference to education [J]. Revue économique, 1967, 18 (1): 132 – 133.

[157] Chiswiek B. The effects of Americanization on the earnings of foreign-born men [J]. Journal of Political Economic, 1978, 86 (5): 897 – 921.

[158] Schwartz Aba. Interpreting the Effect of Distance on Migration [J]. Journal of Political Economy, 1973, 81 (5): 1153 – 1169.

[159] De Brauw A, et al. The evolution of China's rural labor markets during the reforms [J]. Journal of Comparative Economics, 2002, 30 (2): 329 – 353.

[160] Andrea Bassanini. Training, wages and employment security: An empirical analy-

sis on European data [J] . Applied Economics Letters, 2006, 13 (8) : 523 – 527.

[161] Cheo R. Migrant Workers and Workplace Bullying in Urban China [J] . Social Indicators Research, 2016, 132 (1) : 1 – 29.

[162] Rowe D J, et al. Educational and career pathways of dental hygienists: Comparing graduates of associate and baccalaureate degree programs [J] . Journal of Dental Education, 2008, 72 (4) : 397 – 407.

[163] Rohrbach-Schmidt D, Tiemann M. Educational (Mis) match and skill utilization in Germany: Assessing the role of worker and job characteristics [J] . Journal for Labour Market Research, 2016, 49 (2): 99 – 119.

[164] Rucci G, Saltiel F, Urzúa S. Should I stay or should I go? Career choices for young workers in Latin America [J] . Economic Inquiry, 2020, 58 (3): 1430 – 1449.

[165] Meng X, Zhang J. The two-tier labor market in urban China: Occupational segregation and wage differentials between urban residents and rural migrants in Shanghai [J] . Journal of comparative Economics, 2001, 29 (3): 485 – 504.

[166] Walder A G. Career mobility and the communist political order [J] . American sociological review, 1995, 60 (3): 309 – 328.

[167] Piore M J. The dual labor market: Theory and implications [M] . New York: Routledge, 2018: 629 – 640.

[168] Sakamoto A, Chen M D. Inequality and attainment in a dual labor market [J] . American Sociological Review, 1991: 295 – 308.

[169] Gittleman M B, Howell D R. Changes in the structure and quality of jobs in the United States: Effects by race and gender, 1973 – 1990 [J] . ILR Review, 1995, 48 (3): 420 – 440.

[170] Becker G S, Tomes N. An Equilibrium Theory of the Distribution of Income and Intergenerational Mobility [J] . Journal of Political Economy, 1979, 87 (6): 1153 – 1189.

[171] Solon. How Large are the Effects from Changes in Family Environment [J] . QJ Econ, 122 (1) : 119 – 157.

[172] Ajzen I. The theory of planned behavior [J] . Organizational Behavior & Human Decision Processes, 1991, 50 (2): 179 – 211.

[173] Bandura A. The anatomy of stages of change [J] . American Journal of Health Promotion, 1997, 12 (1): 8 – 10.

[174] Lent R W, Brown S D, Hackett G. Toward a unifying social cognitive theory of career and academic interest, choice, and performance [J] . Journal of vocational behavior, 1994, 45 (1): 79 – 122.

［175］ Judd C M，Kenny D A. Process analysis：Estimating mediation in treatment evalu- ations ［J］ . Evaluation review，1981，5 （5）：602 – 619.

［176］ Baron R M，Kenny D A. The Moderator – mediator Variable Distinction in Social Psychological Research：Conceptual，Strategic，and Statistical Considerations ［J］ . Journal of Personality and Social Psychology，1986，51 （6）：1173 – 1182.

后　记

　　本书是在我在福建农林大学在职攻读博士学位之后进一步深入研究的结晶。此时此刻，对这一路上走来指导过我的人、帮助过我的人、陪伴过我的人充满深深的感激，并致以最诚挚的谢意！

　　首先，感谢福建农林大学李中斌教授和相关老师指导我走过专著写作前期的艰苦。作为一名拥有十年教龄且已具有副高职称的高校教师，出版一本兼顾理论与实证研究专著的目标十分明确而坚定，以弥补我的学术短板进而将学术水平提升一个层次。因此，针对主要的学术短板——计量研究方法，这是专著写作之初就给自己定下的目标，能够撰写计量分析著作是本次写作的首要目标。可这对专注于公共管理学科的我来说，已经熟悉了"问题—原因—对策"的写作范式，首先要转换成经济学研究范式，仅仅一个"科学问题"就让我探索、困扰了很久。幸运的是，借助在福建农林大学攻读博士学位的契机接触到了一系列相关的课程，李中斌教授也是经济学出身，也针对我的实际情况帮我甄选课程以增加经济学的积淀。感谢开设高级计量经济学的宁满秀老师，这简直就是我短板的救星，也因此时刻烦扰宁老师的指导和帮助；感谢在中级经济学、高级经济学课程中给予重要指导的邓衡山老师、刘伟平老师、郑旭媛老师、刘颖娴老师；感谢在经济与管理方法论给予指导的戴永务老师、王文烂老师；感谢在数量经济分析与软件应用的徐学荣老师；感谢在涉农企业经营与管理专题等方面帮助我开阔视野的陈秋华老师、石德金老师、许安心老师、冯鑫老师等；感谢在其他课程等方面予以指导的许文兴老师、庄佩芬老师、余忠老师、林本喜老师、林楄荷老师、屈峰老师……这些学习经历让我继续坚定自己的目标，在理论基础积淀方面奠定了坚持的基础，但是对于克服计量短板的追求是艰苦的，面对伍德里奇那本超级厚的《计量经济学导论》充满了求知欲，我也知道计量学习才刚刚起步，这对我来说注定是一条布满荆棘的路。

　　其次，感谢学术前辈带领我走过专著写作初期的彷徨与探索。因为经济学学术范式的不同，在专著写作选题过程中，从农村养老产业结构、女性创业、农业企业社会责任，再到农民工返乡创业……我在众多选题中徘徊、摸索，毫无收获，总觉得还缺了点什么，还好在这个极度彷徨的阶段，适逢南京农业大学的钟甫宁教授的一次学术讲座再次细致解析了科学问题，还有中国人民大学温铁军教授、南京农业大学朱晶教授的讲座让我对科学问题有了更加深入的理解。同时还利用各类学术讲座、学术论文答辩的机会，听到了中国人民大学王志刚教授、中国农业大学刘璐教授和南京农业大学易福金教授等多位农业经济领域专家对于学术写作的指导。为了进一步拓宽选题思路，本人带着专著核心部分成果频繁穿梭于各种学术会议，有幸参加了第二十届中国经济学年会、中国劳动学会农民工发展论坛、中国人力资源开发教学与研究会十九届年会暨学术研讨会等多个相关的学术会议，感恩通过会议论文宣读专家指导方式给予指导的沈阳农业大学的吕杰教授、南京农业大学的林光华教授、西南大学的王图展教授、北京大学中国社会科学调查中心王亚峰老师等。感谢当时作为南京农业大学青年学者"农林经济研究方法论"卜凯讲堂班主任的徐志刚教授为专著写作难点问题答疑解惑。

再次，感谢专家老师引导我走过专著写作中期的困难与突破。尽管在学术理论基础和学术思想积淀方面取得了一定收获，可是我的计量方法短板仍然十分明显，大数据的探索也还有待突破。感恩宁满秀老师对计量方法的启蒙与指导，感恩福建农林大学洪灏琪、厦门大学刘婷、中山大学程璆等对本人计量学习的帮助；与此同时，大数据的获取与处理是本人的另一个短板，感谢西南财经大学卢海阳教授在农民工数据库筛选方面的指点，感谢从南京农业大学毕业之后去南京林业大学就职的刘畅老师在数据与模型处理方面的指导；感谢北京第二外国语学院朱志胜老师和福建农林大学卢素兰老师无私提供全国流动人口动态监测数据库数据。除此之外，针对专著写作中职业分类的重点难点问题，感谢西安交通大学侯利明老师给予的详细指导和帮助！有了众多专家和老师的帮助，最终形成了一份自己比较满意的专著写作整体构思，而且感谢在框架构思方面予以指导的各位前辈，如福建师范大学林卿老师、福建农林大学王林萍老师、黄和亮老师、宁满秀老师、苏时鹏老师、仲建兰老师等。

最后，感谢身边的老师和朋友帮助我走过专著写作后期的喜悦与收获。尽管有了清晰的方向，有了理论的准备，有了方法的突破，有了数据处理的储备，但真正让一本专著的出炉还要无数个日日夜夜的奋战。感谢在这个过程中，感谢福建农林大学李中斌老师的指导与激励，感谢福建农林大学宁满秀老师、郑旭媛老师的无私帮助，还要感谢我的爱人王小增博士对我的直接帮助，感谢江小莉、王凌宇、杨小可、周芳、王强、李静、傅玮鞞、吴芹瑶等伙伴们一起奋战并互相帮助，感谢陈晓霞、刘碧强、苏小凤、黄美娇、杨敏、余杨阳、陈博楠等众多兄弟姐妹的激励打气，感谢我的学生李留旺、李龙郝、林瑶等在案例收集、英文摘要完善和格式细节等方面的无私帮助……

　　在专著写作即将完成之际，还要特别感谢远在家乡的父母长期以来对我的关心和时刻不忘的记挂，是他们给了我奋发努力的心理力量。感谢两个姐姐、姐夫帮我照顾了父母的生活，让我能够安全投入书稿的写作之中。还要特别感谢儿子王杜骏，是他在我异常繁忙的时候不忘让爸爸帮我做事情，是他在我心情低落的时候给我画上一幅画并且写上"妈妈，你最棒"，是他在我需要安静写作的时候自己搬着小凳子去隔壁房间写作业，是他在我进度偏慢的时候每天问我"妈妈，今天写完两千字了吗？"……小可爱不仅仅是我的快乐陪伴，更是我专著写作的甜心激励，当然也是我不断前行的无限动力。特别感谢爱人王小增在我专著写作期间不仅在写作方法、计量方法的引导，还在选题、数据的获取、专著写作的修订全程在线答疑与帮助，更是在工作与生活等各方面给予关心和呵护。

　　最后，感谢教育部人文社科基金项目"人力资本代际转移与农民工职业流动效应研究"（编号：20YJC840009）对本专著提供的资助，感谢福建理工大学"创新与绿色发展创新团队"（编号：E4300083）对本专著提供的赞助；感谢福建理工大学科研启动基金项目（编号：GY-S23032）对本专著提供的资助。

　　再次感谢在专著写作过程中给予本人指导、关心和帮助的各位前辈、老师、同学、朋友，祝愿所有人都能有梦、筑梦、圆梦！

杜兴艳

2023 年 4 月

福建理工大学